中公クラシックス J71

柳田國男

柳田國男全自序集 I

中央公論新社

第Ⅰ巻　目次

第Ⅱ巻　目　次（昭和一四年～三六年）

柳田國男による柳田國男――全自序集の序にかえて

佐藤健二

解説を書くために、あらためて柳田國男の自序を読んだ。そのいくつもが、ねたましいほどにうまい。

序の文でありながら、それ自体がひとつの作品となって、主題の曲折を、叙情ゆたかに描き出している。構え組み立ての格調は高く、落ちついた声で低く語られる案外の一節が、世の風潮や無自覚への切れ味のよい論評としてひびく。なかなか、こういう序を書ける学者はいない。

序文はともすると、趣旨の凡庸な反復になりやすい。敷衍の付け足しが過ぎたり、出来不出来をめぐる韜晦に陥ったり、予防線の延長に終わってしまうことすらある。しかし柳田の自序は、素志ともいうべき最初の意欲を輝かせつつ、書きのこされた余白の拡がりへと読者の想像力を誘う。この序文の執筆者が、「著者」の単なる代言者ではなく、どんな記録をも興趣ゆたかに読破してきたおそるべき眼力の「読者」であったことと、無関係ではないだろう。と同時に、この著者はひととおりでない編集力と聴き耳とを備えた、敏腕の「編集者」だった。

これは、自分の本の編集者でもあった「柳田國男」自身による、近著案内であり批評集である。

＊

初版の序だけでなく増補版・改訂版のそれや、紹介・解題の拡がりをあわせて読むことができるのは、この集成の新しい便宜だろう。固有の時間性を孕む配列が、テクストがもつ、奥行きのようなものをどこかで感じさせてくれる。

たとえば「第二の炉辺叢書」〔炉辺叢書解題、I四六頁〕の一冊に、『祭礼と世間』がある。初版の「小序」は、「専門の研究に徹底した学者が、出でて大いに社会諸学のために活動する風」を、森鷗外や中山平次郎を例にあげて、まず賞揚する。そのうえで、「信仰物理学」をことあげした日下部四郎太を取り上げ、この物理学者の祭りの力学の提案を検討していく。自分の本は「待つ船が着いた朝のような気持ち」で書いた「一種の歓迎辞」だと位置づけて、その学の境界を越えて試みられた研究の可能性を、次のように述べる。

前に一つの学問において、十二分に鍛えた観察力と証明方法が、いとたやすく第二の研究に応用せられて、この方面にはありがちな拘泥と独断とを、取り除く見込みが多いからである。
〔祭礼と世間、I四九頁〕

ところが、専門領地の縄張りを意識する「親方」の学者たちは、こうした横紙やぶりを面倒に思ってしばしば軽んじ、相手にしようとしない。柳田は「これまでの久しい間の経験によれば黙殺ということがいちばん閉口であった」〔国史と民俗学、Ⅱ九二頁〕ともこぼしているので、この苛立ちは彼自身のものだったのかもしれない。こうした蔑ろの悪癖を突破しなければ、われわれが考える「民間布衣の学」は興隆しないと、柳田は続ける。

故にわれわれは、今後日下部氏等の例にならい、勇気をふるい道楽を去り、率直に所信と疑惑とを表明して、自由に前説を批判し、これに関して責任のある学者の答弁を気永に待つがよいのである。〔祭礼と世間、Ⅰ五〇頁〕

「大学の先生の専門外の論議」は、「陸海軍の閣下たちが、大霊道の保証人となるような、筋違いのものでない」〔同頁〕ことを、われわれもまた実感できるだろうと結ぶ。「大霊道」は大正末の当時、世の中で話題になっていた霊能力開発のオカルト集団であった。

この大上段の構えの序文を一読した印象は、きわめて前向きなものであろう。読者は、柳田が「日下部氏」の研究を高く評価している、と思ったかもしれない。しかしながら、じつはそうでない。本文では、個々別々の担い手の心持ちの合力の偶然性と無垢という物理学者の主張の前提を、ひとつひとつ厳しく批判している。

＊

ということを知ったうえで、もういちど注意深く読むと、最初の「小序」で柳田が評価しているのは、専門外の研究そのものでも、勇敢な研究者でもないことがわかる。価値があるのは、論議の〈場〉を拓くことそれ自体である。そこにおいて、小さな疑問の表明と、既存の説の大胆な批判とが、学の境界への拘泥なしに自由におこなえるからである。その意味では、『蝸牛考』の小序の「角は出すべきものである。そうして学問がまたこれとよく似ている」〔蝸牛考、I一〇三頁〕という暗示めいた一節と呼応している。

もっと率直なのが、次の炉辺叢書の自著解題である。

つまり現代における「日本の神様」の理解の不十分さを反省し、どういう接近の仕方がよいのかをみんなで考えたいという、それが主題であった。そうしたなかで、ただ世の中の思想感情の統一に、神社を利用しようとする「今日のいわゆる有識階級の態度」の批判が目的だという。

ちょうどその頃ある地方の祭礼に、御輿が非常に荒れて警察の人を怒らせてしまった。これを一人の大学教授が、物理学の法則で弁明しようとした。その無邪気な議論がいかにも当世流の標本のように思われたために、それに興味を感じて雑談風に、なるだけ反対者を不愉快がらせぬように、ごく平たく書いたものである。〔祭礼と世間、I五一頁〕

ほぼ同じ時期に、序文とは別な角度から書かれた解題の文章だけに、なるほど「小序」のこころはそこにあったのか、とすこし驚く。

同様のわかりにくさは、最初の方法論の書物であった『郷土誌論』の序にも感じる。自らの筆名の「菅沼可児彦」は目下留守だから、この議論の責任は柳田が引き受ける［郷土誌論、I四七頁］という、なんとも短く意図不明の、まわりくどい二行だけが掲げられている。この背後には柳田の国際連盟委任統治委員としてのジュネーヴ滞在や、南方熊楠との『郷土研究』をめぐる論争があるのだが、それをここからだけ読み込むのは無理がある。しかしながら、この本の内容の本意は、「一村一郷党の前代生活」探究の方法論の必要を、簡潔かつ直接に説く『炉辺叢書解題』の一文をあわせ読むことで、たぶん適切に位置づけられるだろう。

＊

さて『祭礼と世間』の序文にしても、そのさらに四半世紀も後からの第三の言及となると、その意図もだいぶ距離感をもって、「民間布衣の学」の実験から論じられ、あるいは反省まじりに語られることになる。

このころはまだ私は書冊の知識しか貯えていなかった。そうして風刺がいやにまわりくどく嫌味である。ただあの時代の官僚式合理解釈なるものが、なにか偽善のように思われてたまらず、いわゆる無智蒙昧の輩のために、一言の弁を費やしたかっただけである。

［祭礼と世間、I五二頁］

しかしながら、依然として最初の序文がもっていた、いわば正眼の構えは失われていない。それゆえ「たった一つの表面に見える原因に、帰し去ろうとしたことの誤り」〔同前、I五三頁〕は、やはり時代の学者や政治家や官僚たちの「不朽の過失」であり、こうした意見の世俗的効果が大きいことはいまも変わらない、というより「今の方がおそろしい」と説く。その世俗的効果に抗するためには、「できるだけ精確な事実を多く、つとめて興味あるように覚え込ませ、それを各自が自分の力で総合して、まちがいのない判断を下すように、仕向けることが唯一の道だ」〔同頁〕という。その方法は、柳田國男にとってもひとつの希望であった。であればこそ、この「無智蒙昧の輩」の語を「いわゆる」の留保なしに読んで、考えの単純な啓蒙主義者の言説のように解してはならない。

この序文の「話題の貧弱ということとは、見るに忍びざる戦敗国の惨状の一つである」〔同頁〕という、いささか意外な結びの一文は、多様な「生活習俗語彙」集を編みつつ『国語の将来』を憂い、『国語史新語篇』の準備のうえに『笑の本願』の復権を願った、柳田國男の戦後の心境を映しだしているように思う。

＊

もういちど柳田の書物づくりの本願が、まさしく、この「民間布衣の学」の振興にあったことを確認しておきたい。

その学の新しさはひとつの名に集約されず、この自序集のなかだけでも「新しい民族学」〔海南小記」「郷土研究」〔郷土研究十講、郷土生活の研究法、食物と心臓〕「民間伝承論」〔民間伝承論〕「日本民俗学」〔日本民俗学研究、孤猿随筆、日本民俗学入門、木思石語〕「フォクロア」〔山の神とオコゼ〕「一国民俗学」〔食物と心臓〕「民間伝承の学」〔婚姻習俗語彙〕「民俗学」〔神道と民俗学、国史と民俗学〕「新国学」〔新国学談〕と、その時々のいろいろな名で呼ばれている。ときに「自分たち一派の主張」〔山の人生〕「この類の小さな資料整理」〔方言覚書〕としか指さされていないのは、名のりよりも中味が重要だったからだ。

その中味はなにか、というと『炉辺叢書解題』の自序は、次のように解説している。

変わろうとして未だまったく変わってしまわぬ村々の簡易な生活、その間からちらりちらりと窺い得らるる昔の人の信仰と心持ち、美しい物を愛する情け、楽しく生きようとする切なる願い、その他血を分けたわれわれとして、知れば軽んずることのできない色々の微細なる事蹟を、なるべく地方地方でくわしく調べ、その比較と排列のなかから、なにか一層大きくまた大切な智慧を、引き出して見ようとする新しい種類の史学であった。〔炉辺叢書解題、I五五頁〕

その構築のためにこそ、疑問の共有が願われ、事実の収集が必要になる。

柳田の序が、しきりに「人生は判りきったことばかりでない」〔神を助けた話、I四四頁〕ことを強調し、「疑ったばかりで理由の説明できない不思議な事実がいくらも残っている」〔時代ト農政、

Ⅰ三七頁]、ことに目を向けさせ、「人生にはまだ説明どころか、発見もせられていない問題がある」〔山の神とオコゼ、Ⅰ一八三頁〕ことを倦まずにくりかえし、「今まで私たちの全く知らずにいたことが、じつは非常に多かったということを、まず心づくのが第一の急務」〔家閑談、Ⅱ一二二頁〕と説くのは、ただ自らの眼力を誇ろうとするがためではない。

わからないこと、知らないこと、説明できないことが、そこにあるという明晰な自覚からしか、学問は育っていかないからである。

であればこそ、これまで問われたことがないような、小さな疑問であってもいい。それを自由に表明できる場を読者と共有し、できるなら衆の力をもって、腑におちる解を探したい。

そうした思いが、新しい学問の根であった。「共同の疑いがあれば、それに答えようとする研究者も必ず生まれるだろう」〔年中行事、Ⅱ一六七頁〕という希望のもとで、「多くの未だ知られざる不思議が過去にはある。それに答え得るたびに少しずつ人は賢くなる」〔十三塚考、Ⅱ一五六頁〕という道理をさとす。

＊

眼前の事実の組織的な収集が、この学問運動の中核にすえられるのも、そのためである。

早くは『遠野物語』で「この書は現在の事実なり。単にこれのみを以てするも立派なる存在理由ありと信ず」〔遠野物語、Ⅰ二七頁〕と宣言し、『炉辺叢書』の価値を「寸分の作り話もないことです。あえて有益とは言いませぬ。おもしろければ、それで結構」〔炉辺叢書、Ⅰ四二頁〕とことあげした。

しかしながらなお、読む明かりだけは「新しい光で読んでもらいたい」〔同前〕という注文をつけたのは、なぜか。それは、共同の疑問という光がなければ、事実といえども、力をもたないことを知っていたからである。

そのメッセージは、柳田の書物づくりのもうひとつの重要な担い手である、読者に向けて発せられている。そのことも、読者としての常民の発見を論じた『読書空間の近代』〔弘文堂、一九八七〕と、「郷土誌」等の書物づくりをその学の理解の中心にすえた『柳田国男の歴史社会学：続・読書空間の近代』〔せりか書房、二〇一六〕二冊の著者である私には、印象深い。

読者が意識せられているのは、母と子とが一緒に読むための『こども風土記』、年寄りと少年少女とにともに聴かせたいとした『火の昔』、疎開児童という新しい読者の興味にむけた『村と学童』だけではない。東北の生活を訪ねた紀行では「私は暖かい南の方の、ちっとも雪国でない地方の人たちに、この本を読んでもらいたい」〔雪国の春、I七六頁〕と知識の交流を提起し、現代生活を取り上げた書物では「都市の人に読ましめるための地方書があってよい」〔明治大正史世相篇、I一一三頁〕と説得する。飯田の出版社から出した本を応援しつつも、「中央瞻望の弊を矯め、少しは信州以外の人も悦んで読もうとするような、地方の文献を守り立てねばならぬ」〔信州随筆、I二〇一頁〕と説いた。それらの主張の中心には、重要な他者であり変革の主体である読者が存在していたのである。

ジュネーヴでさびしく老いた碩学への頌辞にはじまる『海南小記』の序は、「本だけがいわゆる珍本となって、読みもせぬ人の本棚の底に、追々と隠れていく」〔海南小記、Ⅰ五九頁〕やりどころがない実態を見つめつつ、ひとはなぜ本を読み、ひとはどう本を読むべきなのかを話題にしてゆく。

「甲寅叢書」や「炉辺叢書」、「諸国叢書」「全国昔話記録」「各地民俗誌」、さらには『郷土研究』をはじめとする雑誌等、柳田自身の出版事業への献身は、じつはそう思われている以上の厚みがある。それを貫いていたのは「最初から需要が乏しく、時日を過ぐればいよいよ貴重となるべき書物のごときは、これを中央の大量生産の機関に、托し得られる道理がなかった」〔信州随筆、Ⅰ二〇〇頁〕という洞察であり、「現在の出版界の経済組織では、どうしても本屋の顧みることのできぬものを、一冊なりとも多く印刷して残したい」〔炉辺叢書解題、Ⅰ五四頁〕という出版資本主義への抵抗であった。

この自序集には、たぶん書物の序という性格ゆえでもあろう、そのメディアの社会的な存在形態と、主体としての読者の力への柳田の深いこだわりが滲みでているのである。

＊

最後にすこし解説からは逸れるが、「いたずら」の遊びをひとつ、許していただきたい。あまり前例のない試みだが、自序集成という特異なテクストゆえの思いつきである。

もう確かめることはできないが、今回の集成を最初に歓迎してくれたであろう人物に、谷川健一がいる。編集者の出身で異色の民俗学者でもあった谷川は、柳田の本を開くたびに、その卓抜な序文に魅せられてきたのだという。そして、序文だけをあつめて一冊にしたらおもしろいだろう、という新しい本の提案を早い時期にしていた。中央公論新社の太田和徳氏から話をもちかけられたとき、最初に思い出したのは、そのエッセーである。

「当時まだ柳田は存命であったので、彼にその序文集の「序文」をあたらしく書いてもらうことができたら、はたしてどんな内容になるか、とたわいない夢想に耽ったりしたことがあった」

［谷川健一「柳田国男の「序文」」『ピエロタ』第一六号、母岩社、一九七二年一〇月］。

柳田は一九六二年に世を去り、著者自身から自序集の自序をもらうというユニークな「夢想」は、残念ながらこの本でも実現できなかった。しかしながら、もし老いた柳田國男に、序の文の代筆を命ぜられたら、どういうことになるだろうかを、ふと考えてみた。

最晩年の『海上の道』の「まえがき」は、じつは大藤時彦が書いた。柳田國男の近くにいた直弟子の大藤が、代筆の素材にしたのは、たぶん柳田自身の趣旨の口述で、それ以外にも日々の談話の断片も活用されただろう。だが、少なくとも私は老翁に会ったことすらない。だから結局のところ、この一冊に集められたテクストをじっくりと勉強し、その息づかいの模倣を工夫する以外には、手がかりとすべきものがない。

とはいうものの、柳田の文章には独特の風合いがあり、この自序集にも、まさに印象深く耳に残るフレーズは多い。しかも他人の著書への序文が中心とはいえ、『退読書歴』や『老読書歴』

は序跋集の性格が強くあって、その前提とも位置づけられる『炉辺叢書解題』の試みも存在し、どこかで方向性を示唆している。圧倒的な数の棋譜の定石を学んだＡＩ（人工知能）ほどには勤勉でなく、忍耐強くない私でも、口まねの「雰囲気」くらいはなぞることができるかもしれない。

　ということで、さきほどの文章にもどる。

　この特異なテクストをめぐる「いたずら」をひとつ、許していただきたい。こうした代筆の「妄想」は谷川の「夢想」以上に評価のハードルが高く、作ってみたところで、つまりはありあわせのまがいものか、不遜な落書きにしかならない。しかし笑われたり呆れられたりするのは、あえて無理を試みた私一人なので、実害は少ないだろう。

　ニセの序文のブリコラージュにおいて、この自序集のテクストからの引用は、この解説の本文と同じく基本的に括弧でくくり、出典は読みやすいよう注に落とした。以下は、その即興の試みである。

*

「どうして今頃このような本を出すのかと、不審に思って下さる人のために、言って置きたいことがいくつか[1]」ある。振り返ってみると、いつも「研究の出発点となったのは、やはり芥子粒ほどの民間の伝承と、これを不思議としてわけを問わずにいられなかった、子どもみたような私の好奇心であった[2]」。そんなふうにして、著書は「私自身の足跡とその背景とを記録[3]」している。その自序が、すでに一〇〇を超えようとしている、と聞いた。「それを本にして見ないかと勧められて、簡単に引き受けてしまったが[4]」、まとめはじめてみると「この二冊の小さな本のように、最初思った通りにできあがらなかった書物も少ない[5]」。小さな問題を登録した本に「大きな序文は滑稽だが[6]」、むやみに長く説きたててしまったものもある。「著者の用意も足りなかった[7]」のである。

「もとより群衆のどやどやと行く大通りは別にあるが、私はなお佇立して鳥語かすかなる、羊腸の道を指さそう[8]」としてきた。そのことを愉快に思う年来の読者だけに届けばよいとは思わぬが、序文は「宛て名のない手紙のような文章であるがゆえに、今となってこれを自然の消滅にまかせて置けぬという、責任をさえ自分は感じている[9]」。学問もまた「自分一箇の限りある智能を以て、それが十分になしとげられぬと感じた場合、いよいよ熱心にその希望と可能性とを主張する必要性がある[10]」。「この老いゆく者の心からの嘆きが、新たに目ざめた人びとの激励となることは、学芸の上でも変わりはないのである。過ぎて返らぬ若い時を振り回って、うまくかくしおおせた完全であったと、自得し得る者などは一人だってない[11]」。願わくは「私の本のなかにあるかと思う誤りの点を、二つでも三つでも見つけ出すようにしてもらいたい。それもまた今後の学問の、進んで行くべき一つの道である[12]」。

「なかには理解のために骨折ることをいとうて、むしろありふれた事をおもしろく説く者を歓迎せんとする傾きさえ[13]」今の世にはあるが、本を読む楽しみを深めていくには、ねばり強さも欠くべからざる要素で、「二度や三度は同じところを読みかえし、または間を置いて読みなおすくらいな熱心がないとおもしろくならぬ[14]」のかもしれぬ。「そういうまぼろしを胸に描いて進んで行くということが、この艱難時代の一つの慰安でもあろう[15]」。「今となってしみじみと感ずることは、書物は一生かかっても、案外にわずかしか読めぬものだ[16]」というわびしさである。「うす暗い淋しいものはもう沢山、これからは努めてほがらかな、楽しみになるものを捜しださなければならぬ[17]」と思う。「本屋はあるいは聴くことを欲しないかもしれぬが、本は本来手分けをして読むべきものである[18]」。「そんなつまらぬこと、と軽しめる前に[19]」「せめては少しばかり、こういう序文を書く風を、他の色々な学科の上にも、はやらせて見たい[20]」。

もちろん、このていどの切り貼りでは、「らしさ」を再現するパロディにはほど遠い剽窃なので、仮に本当の代筆依頼に基づいたものだったとしても、あらためて序に掲げるわけにはいかない。

しかしながら、これは解説を書くために通読して拾い上げた、印象深い断片のさまざまでもある。読みようによってはこの本の柳田の序の文体の魅力のオムニバスによる紹介となっているかもしれない。そして私自身はなによりも、この本に集められたような、作品としての「序文を書く風」を、もっとさまざまな学問領域において活性化させてみたいという柳田の提案に、はるかなる後世から賛成している。

（さとう・けんじ　歴史社会学／東京大学教授）

序文のパスティーシュ　注

（1）〔妖怪談義、Ⅱ二四二頁〕（2）〔妹の力、Ⅱ一九頁〕（3）〔故郷七十年、Ⅱ二五四頁〕
（4）〔伝説、Ⅱ二三頁〕（5）〔野草・野鳥雑記、Ⅱ二五頁〕（6）〔日本昔話集、Ⅰ九四頁〕
（7）〔石神問答、Ⅰ二三頁〕（8）〔退読書歴、Ⅰ一四八頁〕（9）〔月曜通信、Ⅱ二二七頁〕
（10）〔国語史新語篇、Ⅰ二〇三頁〕（11）〔民謡覚書、Ⅱ一五頁〕（12）〔火の昔、Ⅱ九八頁〕
（13）〔青年と学問、Ⅰ七八頁〕（14）〔村と学童、Ⅱ一〇一頁〕（15）〔昔話覚書、Ⅱ七一頁〕
（16）〔退読書歴、Ⅰ一四七頁〕（17）〔新国学談、Ⅱ一二八頁〕（18）〔退読書歴、Ⅰ一四六頁〕
（19）〔年中行事図説、Ⅱ二二六頁〕（20）〔老読書歴、Ⅱ一八一頁〕

本稿では、柳田國男のテクストからの引用は読みやすさを考え、漢字や仮名づかい、読点など適宜変更している。

凡例

一、本書は著者が自著と共編著に付した序文および跋文とそれに類する文章を刊行年代順に集成したものである。全一〇一冊のうち、第Ⅰ巻には『最新産業組合通解』（明治三五年一二月刊）から『居住習俗語彙』（昭和一四年五月刊）を、第Ⅱ巻には『国語の将来』（昭和一四年九月刊）から『海上の道』（昭和三六年七月刊）を収録した。

一、本書は筑摩書房版『柳田國男全集』第一巻～第二二巻（一九九七年～九九年、二〇一〇年）を底本とし、旧仮名遣いを新仮名遣いに改めた。ただし、原文が文語文の場合は旧仮名遣いのままとした。一部難読と思われる語にルビを追加した。

一、本文中、今日の人権意識に照らして不適切な語句や表現が見受けられるが、著者が故人であること、初刊時の時代背景と作品の文化的価値に鑑みて、底本のままとした。

一、本書は中公クラシックスのオリジナル編集である。

柳田國男全自序集　Ⅰ

最新産業組合通解

（『最新産業組合通解』大日本実業学会、明治三五年一二月発行）

自　序

今の所謂労働者保護は、主として職工の保護を以て目的とするもの丶如し。職工は契約に依りて、予定せる報酬を受けて人の為に労働する者、即ち労働者の一種なり。我国には此種以外の労働者甚だ多し。地方の居住者たる農業者、工業者、漁業者、林業者、運送業者等の大多数は即ち是にして、皆独立の経営を以て、産業に従事すれども、而も自ら手足を労して生計を営む者なり。此等二種の労働者は、其地位何れを優、何れを劣とする能はざるも、生活の本拠一定し且つ日常行動の比較的自由なる点よりして、人は成るべく自営労働者の境涯を失はざらんことを欲し、国家も亦其総数の減少し、従て所謂賃役労働者の増加するを以て、憂ふべき、救済すべき、不幸の現象なりとせり。此見地に由るときは、我国現在の人口分布の状態の如きは、寧慶すべきが如し。何となれば等しく労働者と云ふ中にも、自営に生活する者今猶過半を占むればなり。然れども之を以て直に独立労働者の生活は安楽なり、之に対する保護の必要は第二次なりと断定する者あらば誤れり。彼等は職工と同じく労働に対する報酬の多からざるを患ふると同時に、兼ねて企業の全体の収入の少からざらんことを力めざるべからず。而も新時代の市場の形勢は、常に彼等小規模の産業者に不利にして、信用の制度、交通の方法は、益々開発せらるゝにも拘はらず、其便益は事実上大企業者の壟断する所となり、彼等が社会より受くる所のものは単純なる圧迫のみ、其永久に抱蔵するものは唯人間の不平等に対する怨嗟の念のみなり。殊に小農の徒の如きは概ね僻地に居住して、時勢を観察するの機会を有せず、経済界の変遷に適応するの方便に乏しく、一方には内外の競争の最猛烈なるものに遭遇せるを以て、其弊を被ること極めて甚しく、或は其所得の全部を挙げて普通職工の賃銭の半分にも達せざるもの多し。是に於てか壮丁の気力ある者は、争ひて郷土を辞し親族に別れ、都会又は海外に出稼を試むると雖、彼等は必しも十数年の後に於て安楽なる生活に進み得る者に非ず。況や産を成し郷に帰り、再び祖先の業を興すが如きは、其例最稀なり。此傾向は近年著しく発現し、其結果地方経済の進歩を碍げ、国力の根底を動揺せしむるは勿論、個々の家族に就て言ふも、此転住の多数は或意味に於ては家道の零落なり、祭祀の滅絶なり、之に伴ふ道義心の消長の如き、若し詳に説くときは、憂ふべく悲しむべきもの甚少からざるなり。此現象は西洋諸国に於ては夙に発生したるものにして、其極弊の惨澹たること中々我国の比に非ず、朝野の識者が之を憂ひて劃策する所の事業極めて多かりきと雖、其根原に溯りて救治の途を求むる者は、現今は皆組合共同の方法を以て最適当なりとする点に於て一致したるが如し。

仏国の農業組合は其起原甚古し、独逸に在りては産業組合法制定以前にも既に多数の地方組合ありしが、此法の公布を期として猶著しく全国に伝播せり。英国に於ては百年の昔より産業組合の制度行はれたりしも、殆ど皆都会又は工業地にのみ存在したりしが、最近の報導に依れば農業衰頽の挽回策として之を田舎の借地農の間に採用し、現に大地主の義俠的に之を奨導援助する者多しといへり。北米合衆国は農業者の最幸福なる国なり、而も地方の繁栄を維持し農作の利益を進捗する為には、中以下の農業者が其事業の一部又は全部に於て共同連結するを以て、最良の方法なりとせり。其他の諸国の実況は未だ之を知り得ずと雖、各自国内の状勢に鑑みて、外国の輿論に参考する所多かるべきは察するに難からず。

要するに本邦に於て先年産業組合法の制定せられしは、此の大時運の此処にも亦一展開を為したるものにして、尋常摸倣的立法と同日の観を為すべきに非ざるなり。然るに余輩が窃に怪訝の念に勝へざるものは、世の社会改良家を以て自ら標置する者身都門に住し、日夕見聞する所のものは僅に一部賃役労働者の生活状態に限界さるゝを以て、口を開けば職工の同盟と言ひ、製造家の牽制といひ、一代の国是を挙げて、此種の部分的事業に集注せしめて、乃ち已まんとす。殊に知らず別に大数の自営労働者ありて、其経済上の苦闘奮戦を持続するに堪へず、滔々として其本拠を失い四方に離散しつゝあることを。産業組合法の公布せられてより既に三星霜を閲す、其間多少の反応無しといふには非ず。所在之に依りて組合を経理するものも、今将た百を以て数ふべしと雖、猶此制度の拡張に対して、終に真摯なる同情を以て相寄する者あるを見ず。小農小工の多数は徒に煽動家の空論に聴きて精力を銷磨し、却て将来の実利の為に計ること疎なるが如き、吾人は切に以て邦家の深憂なりとせざる能はず。

本書の如きは微々たる一小篇のみ、其説く所多くは先人の言議を敷演するに過ぎず、絶えて創見の人を動すに足るものあるに非ず、功無くして恣に大言するの謗を免るべからずと雖、此の平和の福音とも称すべき良制度をして、未だ最必要ある国民の階級に普及せしめ得ざるを憾むの余に出づるものにして、今之を刊行して世に問ふに際し、一方には数ならぬ予輩が勤労も必しも全然徒爾には属せざりしことを信ずると共に、他の一方には社会の人の為す無くして僅に予が如きを傭《やと》ひて、目下の必要に応ぜしむに至りしことを歎息せずんば非ず。

終に一言すべきは現今各地に設立せられたる産業組合の実況を聞くに、其組合員たる者は多くは相当の資産、地位ある者に限り、例へば小作農の如き自己の勤勉と正直との他には、信用の根拠とすべきもののなき者は殆皆共同事業の便益に均霑《きんてん》する能はざるが如し。有力者が率先して一郷に唱導することは尤慶賀すべしと雖、法律の主眼は寧此等最小の産業者にして、銀行をも会社をも利用すること能はざる者に、別種の方面より生活改良の手段を得せしむるに在ることは、本文処々に細叙する所の如し。若し此の如くして必要の最急なる者を後にする結果を見ば、極めて遺憾の事なりといふべし。唯彼等が此種の書籍を購読するの機会は甚少かるべきが故に、予輩は地方の公吏、資産家、有力者、学校の教師、医師、僧侶等多少の余閑を有せらるゝ諸氏に請いて、義俠的に此書の内容を近隣の為に講説せられんことを希望するや切なり。

明治三十五年十一月

柳田国男

後狩詞記

（『後狩詞記』柳田国男、明治四二年三月一五日発行）

序

一　阿蘇の男爵家に下野《シモノ》の狩の絵が六幅ある。近代の模写品で。武具や紋所に若干の誤謬が有るということではあるが。私が之を見て心を動かしたのは。其絵の下の方に百姓の老若男女が出て来て見物する所を涅槃像のように画いてあるのと。少しは画工の誇張もあろうけれども。獲物の数が実に夥しいものであることと。侍雑人迄の行装が如何にも花やかで。勇ましいと云わんよりは寧面白い美くしいと感ぜられたこととである。下野の年々の狩は当社厳重の神事の一であった。遊楽でも無ければ生業では勿論無かったのである。従って有る限の昔の式例作法は之を守り之を後の世に伝えたことと思われる。此が又世の常の遊楽よりも却って遥に楽しかった所以であって。例としては小さいけれども。今でも村々の祭礼の如き。之を執行う氏子の考が真面目であればあるほど。祭の楽しみの愈深いのと同じわけである。肥後国志の伝説に依れば。頼朝の富士の巻狩には阿蘇家の老臣を呼寄せて狩の故実を聴いたとある。併し坂東武者には狩が生活の全部であった。まだ総角《あげまき》の頃から荒馬に乗って嶺谷を駆け巡り。六十年七十年を狩で暮す者も多かったのである。何も偏土の御家人に問わずとも。立派に巻狩は出来たことであろうから。此説は信用するには及ばぬ。が唯此の荒漠たる火山の裾野が原も。阿蘇の古武士にとっては神の恵の楽園であって。代々の弓取が其生活の趣味を悉く狩に傾けて居ったことは明かである。処が其の大宮司家も或時代には零落して。初は南郷谷に退き。次には火山の西南の方、矢部《ヤベ》の奥山に世を忍び。更に又他国の境にまでも漂泊したことがある。祖神の社頭には殺生を好まぬ法師ばかりが衣の袖を翻えし。霜の宮の神意は和らいでも。阿蘇谷の田の実は最早他国の武家の収穫であった。昔肥前の小城《オギ》の山中で腹を切った大宮司は。阿蘇の煙の見える所に埋めよと言ったということである。其子孫が久しく故土に別れて居ったのである。嘸かし遥に神山の火を眺めて。産土の神と下野の狩を懐かしがったことであろう。然るに漸くのことで浦島のように故郷に帰って見れば。世は既に今の世に成って居った。谷々の牟田には稲が栄え。草山には馴れたる牛馬が遊んで居て。鹿兎猪狐の類は遠く古代へ遁げ去って居ったのである。昔を写す下野の狩の絵には。隠れたこんな意味も籠って居るのである。

二　今の田舎の面白く無いのは狩の楽を紳士に奪われた為であろう。中世の京都人は鷹と犬とで雉子《きじ》鶉《うずら》ばかりを捕えて居った。田舎侍ばかりが夫役の百姓を勢子にして大規模の狩を企てた。言う迄も無いが世の中が丸で今とは異なって居る。元来今日の山田迫田《サコダ》は悉く昔の武士が開発したものである。今でこそ浅まな山里で。昼は遠くから白壁が見え。夜は灯火が見えるけれども。

昔は此等の土地は凡て深き林と高き草とに蔽い隠されて。道も橋も何も無い。烈しく恐ろしい神と魔との住家であった。此中に於て。茲に空閑がある茲に田代を見出でたと言う者は。武人の外に誰が有ろうか。獣を追う面白味に誘われてうかうかと森の奥に入って来る勇敢な武士でなければ出来ないことである。其発見者は一方には権門大寺に縁故を求めて官符と券文とを申下し。他の一方には新に山口の祭を勤仕して神の心を和らげた。名字の地と成れば我が命よりも大事である。之を守る為には険阻なる要害を構え。其麓には堀切土居の用意をする。要害山の四周は必ず好き狩場であった。大番役に京へ上る度に。むくつけき田舎侍と笑われても。華奢風流の香も嗅がずに。年の代るのを待兼て急いで故郷に帰るのは。全く狩という強い楽があって。所謂山里に住む甲斐があったからである。殺生の快楽は酒色の比では無かった。罪も報も何でも無い。あれほど一世を風靡した仏道の教も。狩人に狩を廃めさせることの極めて困難であったことは。今昔物語にも著聞集にも其例証が随分多いのである。

三　此の如き世の中も終に変遷した。鉄砲は恐ろしいものである。我国に渡来してから僅に二三十年の間に。諸国に於て数千の小名の領地を覆えし。其半分を殺し其半分を牢人と百姓とにしてしまうと同時に。狩という国民的娯楽を根絶した。根絶せぬ迄も之に大制限を加えた。「狩詞記」の時代は狩が茶の湯のようであった。儀式が狩の殆全部に成りかけて居る。大騒をして色々の文句を覚え。画に描いた太田道灌のような支度で山に行っても。先日の天城山の猟よりも不成績であったことが随分有ったろうと思われる。併しまだ遠国の深山には。狩詞記などという秘伝の写本が京都に有るやら無いやらも考えずに。せっせと猪鹿を逐掛けて居る地頭殿が有った。併し鉄砲が世に現われては是非も無い。弓矢は大将の家の芸であるけれども。鉄砲は足軽中間《チュウゲン》に持たすべき武具である。而も其鉄砲の方が。使い馴れては弓よりもよく当り遠くへ届く。平日は領主の威光で下人の狩を禁ずることも出来るが。出陣の日が次第に多くなっては。留守中の取締は付き兼ねる。昔は在陣年を越えて領地へ帰って見ると。野山の鳥獣は驚くべく殖えて居る。此が凱旋の一つの快楽であった。然るに今は落人の雑兵が糊口の種に有合せの鉄砲を利用して居る。土民は又戦敗者の持筒を奪い取って。之を防衛と獣狩の用に供して居る。怒って見ても間に合わぬ。山には早よほど鹿猿が少くなった。そこで徒然のあまり狩の故実を筆録する老武者もあれば。之を読んで昔を忍ぶ者も段々と多くなったのである。

四　狩詞記（群書類従巻四百十九）を見ると。狩くらと言うは鹿狩に限りたることとなりとある。所謂峰越す物といい山に沿う物という「物」は鹿である。全く鹿は狩の主賓であった。此には相応の理由のあることとで。つまりあらゆる狩の中で鹿狩は最も興が高いという次第である。北原晋氏は鉄砲の上手で。若い頃を久しく南信濃の山の狩に費した人である。然るに十年余の間に猪を撃ったのは至って小さいのを唯一匹だけであった。猪は何と言っても豚の一族である。走るときは随分早いけれども。大雪の中をむぐむぐと行く有様は鼹鼠《もぐら》と同じようである。之に反して鹿は走るときはひたと其角を背に押付ける。遠くから見ても近くでも。丸で二尺まわり程の棒が横に飛ぶようなものである。足の立所などは見えるもので無い。之を横合に待掛けて必ず右か左の三枚を狙うのである。射当てた時の歓はつまり所謂技術の快楽である、満足などという単純な感情では無い。昔から鹿狩を先途とするの慣習も或は此辺の消息であろうか。乃至は未知の上代から伝えられた野獣の階級とでもいうものがあるのか。兎に角に鹿は弱い獣で。人からも山の友からも最も多く捕られて最も早く減じたらしいのである。奈良や金華山に遊ぶ人たちは。日本は鹿国のように思うだろうけれども。普通の山には今は歌に詠む程も居らぬのである。此因に思い出すのは北海道のことである。蝦夷地には明治の代まで鹿が非常に多かった。十勝腺の生寅《イクトラ》（ユク、トラッシュ、ベツ）の停車場を始として、ユクという地名は到る処に多い。然るに開拓使庁の始頃に。馬鹿なことをしたもので。室蘭附近の地に鹿肉鑵詰製造所を設立した。そしたら一二年の内に鹿も鑵詰所も共に立行かぬことになった。北海道の鹿は鉄砲の痛さを知るや否や直に其伝説を忘却すべく種族が絶えたのである。

五　茲に仮に「後狩詞《のちのかりことばの》記《き》」という名を以て世に公にせんとする日向《ひゅうが》の椎葉《しいば》村の狩の話は。勿論第二期の狩に就ての話である。言わば白銀時代の記録である。鉄砲という平民的飛道具を以て。平民的の獣即ち猪を追掛ける話である。然るに此書物の価値が其為に些しでも低くなるとは信ぜられぬ仔細は。其中に列記する猪狩の慣習が正に現実に当代に行われて居ることである。自働車無線電信の文明と併行して。日本国の一地角に規則正しく発生する社会現象であるからである。「宮崎県西臼杵郡椎葉村是」という書物の。農業生産之部第五表禽畜類という所に。猪肉一万七千六百斤、其価格三千五百二十円とあるのが立派な証拠である。毎年平均四五百頭ずつは此村で猪が捕られるので。此実際問題のある為に。古来の慣習は今日尚貴重なる機能を有って居る。私は此一篇の記事を最確実なるオーソリティに拠って立証することが出来る。何となれば記事の全部は悉く椎葉村の村長中瀬淳氏から口又は筆に依って直接に伝えられたものである。中瀬氏は椎葉村大字下福良《フクラ》小字嶽枝尾《タケノエダオ》の昔の給主である。中世の名主職を持って近世の名主職に従事して居る人である。此人には確に狩に対する遺伝的運命的嗜好がある。私は椎葉の山村を旅行した時に。五夜中瀬君と同宿して猪と鹿との話を聴いた。大字大河内の椎葉徳蔵氏の家に泊った夜は。近頃此家に買得した狩の伝書をも共に見た。東京へ帰って後頼んで狩の話を書いて貰った。歴史としては最新しく紀行としては最古めかしい此の一小冊子は。私以外の世の中の人の為にも。随分風変りの珍書と言ってよかろう。

六　此序に少しく椎葉村の地理を言えば。阿蘇の火山から霧島の火山を見通した間が。九州では最深い山地であるが。中央の山脈は北では東の方豊後境へ曲り。南では西の方肥薩の境へ曲って居るから。空で想像すれば略Sの字に似て居る。其Sの字の上の隅。阿蘇の外山（外輪山の外側）の緩傾斜は。巽の方へは八里余。国境馬見原《マミハラ》の町に達して居る。其先には平和なる高山が聳って。椎葉村は其山のあなた中央山脈の垣の内で。肥後の五箇荘とも嶺を隔てて隣である。肥後の四郡と日向の二郡とが此村に境を接し。日向を横ぎる四の大川は共に此村を水上として居る。村の大さは壱岐よりは遥に大きく隠岐よりは少し小さい。而も村中に三反とつづいた平地は無く。千余の人家は大抵山腹を切平げて各其敷地を構えて居る。大友島津の決戦で名を聞いた耳川の上流は村の中央を過ぎて居るが。此川も他の三川も共に如法の滝津瀬であって。舟はおろか筏さえも通らぬ。阿蘇から行くにも延岡、細島乃至は肥後の人吉から行くにも。四周の山道は凡て四千尺内外の峠である。

七　此の如き山中に在っては。木を伐っても炭を焼いても大なる価を得ることが出来ぬ。茶は天然の産物であるし。椎蕈《しいたけ》には将来の見込があるけれども。主たる生業はやはり焼畑の農業である。九月に切って四月に焼くのを秋藪と云い。七月に切込んで八月に焼くのを夏藪と云う。焼畑の年貢は平地の砂原よりも低いけれど。二年を過ぐれば土が流れて稗も蕎麦も生えなくなる。九州南部では畑の字をコバと訓む。即ち火田《かでん》のことで常畠熟畠の白田《はくでん》と区別するのである。木場切の為には山中の険阻に小屋を掛けて。蒔く時と苅る時と。少くも年に二度は此処に数日を暮さねばならぬ。僅な稗や豆の収穫の為に立派な大木が白く立枯になって居る有様は。平地の住民には極めて奇異の感を与える。以前は機を織る者が少なかった。常に国境の町に出でて古着を買って着たのである。牛馬は共に百年此方の輸入である。米も其前後より作ることを知ったが。唯僅の人々が楽しみに作るばかりで。一村半月の糧にも成り兼るのである。米は食わぬならそれでもよし。若し些でも村の外の物が欲しければ。其換代は必ず焼畑の産物である。家に遠い焼畑では引板や鳴子は用を為さぬ。分けても猪は焼畑の敵である。一夜此者に入込まれては二反三反の芋畑などはすぐに種迄も尽きてしまう。之を防ぐ為には髪の毛を焦して串に結付け畑のめぐりに挿すのである。之をヤエジメと言って居る。即ち焼占であって。昔の標野《シメノ》、中世荘園の牓示と其起原を同じくするものであろう。焼畑の土地は今も凡て共有である。又茅を折り連ねて垣のように畑の周囲に立てること。之をシオリと言って居る。栞も古語である。山に居れば斯くまでも今に遠いものであろうか。思うに古今は直立する一の棒では無くて。山地に向けて之を横に寝かしたようなのが我国のさまである。

八　椎葉村は世間では奈須と云う方が通用する。例の肥後国志などには常に日州奈須と云って居る。村人は那須の与一が平家を五箇の山奥に追詰めて後。子孫を遺して去った処だという。昔の地頭殿の家を始め千戸の七百は奈須氏であるが。今は凡て那須という字に書改めて居る。併しナスというのは先住民の残して置いた語で。かかる山地を言現わすものであろう。野州の那須の外。たしか備後の山中にも那須という地名がある。椎葉と云い福良と云うも今は其意味は分らぬけれども。九州其他の諸国に於て似たる地形に与えられたる共通の名称である。奈須以外の名字には椎葉である黒木である甲斐である、松岡、尾前、中瀬、右田、山中、田原等である。就中黒木と甲斐とは九州南部の名族で。阿蘇家の宿老甲斐氏の本拠も村の北隣なる高千穂庄であった。明治になって在名の禁が解かれてから。村民は各縁故を辿って。村の名家の名字の何れかを択んだが。其以前には名字を書く家は約三の一で。これだけをサムライと称して別の階級としてあった。其余は之を鎌サシという刀の代りに鎌を指す身分ということであろう。昔の面影は此外にも残って居る。家々の内の者即ち下人は女をメロウといい男をばデエカンと云う。デエカン即ち代官である。近代こそ御代官はよき身分であったが。其昔は主人を助ける一切の被管は大小となくすべて。

代官であった。

九　次には猪を撃つ鉄砲のことである。村に伝えらるる写本の記録「椎葉山根元記」に依れば。奈須氏の惣領が延岡の高橋右近大夫（西暦一五八七―一六一三）の幕下に属して居った時代に。椎葉の地頭へ三百挺の鉄砲が渡された。此時代は明治十年の戦時と共に。椎葉の歴史中最悲惨なる乱世であった。十三人の地侍は徒党して地頭の一族を攻殺した。此時の武器は凡て鉄砲であった。元和年中に平和が恢復して後。此の三百挺は乙名差図《おとなさしず》を以て百姓用心の為に夫々相渡したとある。寛延二年の書上を見ると。村中の御鉄砲四百三十六挺。一挺に付銀一匁の運上を納めて居る。今日ある鉄砲は必しも昔の火縄筒では無いようだ。其数は寛延度よりも増して居るや否や。運上の関係は如何なって居るかは凡て知らぬ。又如何なる方法で火薬を得て居るかということも知らぬ。併し鉄砲の上手は今日も決して少なく無いと考えられる。それは兎に角。椎葉の家の建て方は頗面白い。新渡戸博士が家屋の発達に関する御説は。此村に於ては当らぬ点が多い。山腹を切平げた屋敷は。奥行を十分に取られぬから。家が極めて横に長い。其後面は悉く壁であって。前面は凡て二段の通り椽になって居る。間の数は普通三つで。必ず中の間が正庁である。三間ともに表から三分の一の処に中仕切があって。貴賤の坐席を区別して居る。我々の語で言えば入側《イリカワ》である。正庁の真中には奥へ長い炉があって。客を引く作法は甚しくアイヌの小屋に似ておる。即ち突当りの中央に壁に沿うて。床の間のような所があって。武具其他重要なる家財が飾ってある。其前面の炉の側が家主の席であって之を横坐という。宇治拾遺の瘤取の話にも横坐の鬼とあるのは主の鬼即ち鬼の頭のことであろう。横坐から見て右は客坐と云い。左は家の者が出て客を款待《モテナ》す坐である。

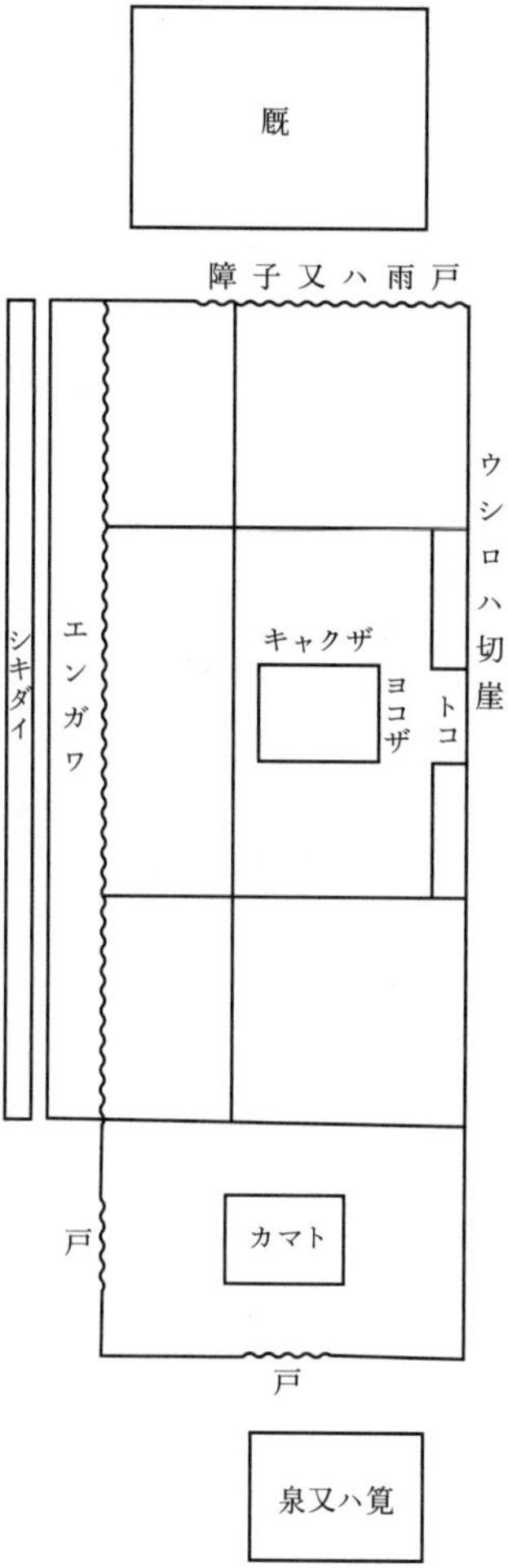

遠来の客は多くの家の客坐に於て款待せられた。椽の外は僅の庭で其前面は全く打開けて居る。開けて居ると言っても狭い谿を隔てて対岸は凡て重なる山である。客坐の客は少し俯けば其の山々の頂を見ることが出来る。何年前の大雪にあの山で猪を捕った。あの谷川の川上で鹿に逢ったというような話は。皆親しく其あたりを指さして語ることが出来るのである。之に付けて一つの閑話を想出すのは。武蔵の玉川の上流棚沢の奥で字峰という所に。峰の大尽本名を福島文長と

いう狩の好きな人が居る。十年前の夏此家に行って二晩とまり。羚羊《かもしか》の角でこしらえたパイプを貰ったことがある。東京から十六里の山奥でありながら。羽田の沖の帆が見える。朝日は下から差して早朝は先ず神棚の天井を照す家であった。此家の椽に腰を掛けて狩の話を聴いた。小丹波川の源頭の二丈ばかりの滝が家の左に見えた。あの滝の上の巌には大きな穴がある。其穴の口で此の熊（今は敷皮となって居る）を撃ったときに。手袋の上から二所爪を立てられて此傷を受けた。此犬は血だらけになって死ぬかと思ったと言って。主人が犬の毛を分けて見せたれば。彼の背には縦横に長い瘢痕があった。あの犬にも十年逢わぬ。此の親切な椎葉の地侍たちにも段々疎遠になることであろう。懐かしいことだ。

十　椎葉山の狩の話を出版するに付ては、私は些も躊躇をしなかった。此の慣習と作法とは山中のおおやけである。平地人が注意を払わぬのと交通の少ない為に世に知られぬだけで。我々は此智識を種に平和なる山民に害を加えさえせずば。発表しても少しも構わぬのである。之に反して「狩之巻」一巻は伝書である。秘事である。百年の前迄は天草下島の切支丹の如く。暗夜に子孫の耳へ私語いて伝えたものである。若し此秘書の大部分が既に遵由の力を現世に失って。椎葉人の所謂片病木《カタヤマギ》の如くであることを想像せぬならば。私はとても山神の威武を犯してかかる大胆な決断を敢てせぬ筈である。併し畏るるには及ばぬ。狩之巻は最早歴史になって居る。其証拠には此文書には判読の出来ぬ箇所が沢山ある。左側に——を引いた部分は。少なくも私には意味が分らぬ。それのみならず実の所私はまだ山の神とは如何なる神であるかを知らないのである。誰か読者の中に之をよく説明して下さる人は無いか。道の教は知るのが始であると聞く。もし十分に山の神の貴さを会得したならば。或は大に悔いて狩之巻を取除くことがあるかも知れぬ。其折には又狩言葉の記事の方には能う限多くの追加をして見たいと思う。

明治四十二年二月一日

東京の市谷に於て

柳田国男

椎葉村を懐ふ

立ちかへり又みゝ川のみなかみに
いほりせん日は夢ならでいつ

石神問答

（『石神問答』聚精堂、明治四三年五月二〇日発行）

松岡約斎翁平生好みて此種の題目を研究したまひしが若くして別れまつりしかば終に其説を聞くことを得ざりき今若し世に在りて此書の成るを見たまはゞ必ず欣然として巻を翻へし且ほゝゑみて我を見たまふならん　国男

しをりすとたゝずむ道の山ぐちに又かへりみるこしかたの雲

再刊序

（『石神問答』創元社、昭和一六年一二月三〇日発行）

武蔵では東秋留《あきる》の二宮神社の境内に、今もまだ一座の社宮司社の残って居ることを、この春の散歩の日に見つけて来た。附近の人たちはオシャモジ様と呼び、やはり飯杓子を上げて嬰児の安全を禱って居る。捜したらこの外にも幾つか有ろうと思うが、大体にこの信仰はもうよほど前から衰えて居るので、単に百数十年前の諸州の地誌類に、可なり数多く其神の名が記録せられて居るのを見るだけである。私は実はシャクジは石神の音読であろうという、故山中先生の解説に反対であったばかりに、この様な長たらしい論難往復を重ねたのであったが、其点は先生も強く主張せられたわけでも無く、又あれから信州諏訪社の御左口神《おさくじん》のことが少しずつ判って来て、是は木の神であったことが先ず明かになり、もう此部分だけは決定したと言い得る。しかもどういうわけで社宮司《しゃぐじ》・社護神《しゃごじ》・遮軍神《しゃぐんじん》などという様な変った神の名が、弘く中部地方とその隣接地とだけに行われて居るのか、諏訪が根源かという推測は仮に当って居るにしても、其信仰だけが分離して各地に分布して居る理由に至っては、三十年後の今日もまだ少しも釈くことが出来ないのである。書名が物々しく、又印刷の部数が少なくて、早く珍本の部に属した為に、見たがる人が多く再版の機会を与えられたものの、著者にとっては実は少しばかり困った本なのである。

強いて弁護をして見ようという考えも私には無いが、是は問題が第一に現実のものでなかった。

以前斯ういう祠の神を、村々に祭る風が東国にはあったが、それはどういう事情からであったろうかという疑いが元なので、どうしても研究の資料を過去の文籍の中に覓めるの他は無かったのである。故に今後も若し世相の基づく所を尋ね溯って、今は全く跡を絶った事実に行き当れば、或は漸ういう窮屈な文庫作業に、入ってしまわなければならぬことがあるかも知れぬが、是は我々には不得手な部分であり、又今ならば歴史家が引継いで、もっと手際よく纏めてくれたであろう。それを何でもかでも自分の手で処理しなければならぬ様に思って居たのが、三十年だけの若さであり、又向う見ずの元気でもあった。それに今一つ、実はもう少しは現実の例が現われて、私の仮定を支持してくれそうにも思われたのであった。ところが不幸にも此本があまり出なかった為に、社宮司は依然として学界の問題とならず、単に気まぐれに路傍の神々を注意する人が、少々はふえて来たというのみで、この肝腎の現象は今や一段と稀薄になり、ついに何の為に石神問答などという書を公けにしたかということが、もう不明に帰せんとして居るのである。

一つには又問題の取扱い方が悪くて、是を後々の同志に引継ぐ用意が欠けても居たのである。今日の我々ならば、恐らくは斯ういう横路の捜索に走って、ただ衒学的な気分を漂わせるようなことはしなかったであろう。未来の同胞国民の為に、出来れば明白にして置きたい点は今でもあり、又方法も必ずしも無いとは言えない。村々には既に一つ以上の正式の氏神鎮守神の御社があって、住民は協同してその祭に奉仕して居るのに、どうしてそれ以外に別に数々の小さな祠が出来て居るのか。社と祠との神々はもとから類を異にした信仰であったのか、但しは又単なる段階の差であって、固定と公認とによって次々と格を高め得るものであったのか。現在は何れとも考えられ、まだはっきりと解を下し得た人が無い。将来恐らくはこの小さな神々の特色を、一種毎に尋ね究めて見ることによって、共に成立の必ずしも新らしいものでないことを知り得るのであろうが、それには社宮司というが如き、名称のやや奇なる、分布の地方的なる一つの信仰を、最初の目標に立てるのが便宜だろうかと思う。その信仰が百年以来、次第に衰えて居ることも亦採集を意義づける。たとえば此土地には昔社宮司という祠があったというが、今日はそれがどうなって居るか。もしくは今いう雑種地の中に、そういう地名がまだ残って居て、何か之を説明するような言い伝えでも無いか。或はその祠がなお存するとすれば、現在は如何なる祈願を掛ける人たちが、是へ御詣りすることになって居るか等。大よそ此類の質問の、一つ一つとしてはさして華々しくもないものが、段々と答えを積み重ねて行くうちには、末には国の文化の可なり大切な一側面を、説き明かす資料ともなり得るのである。不幸にして石神問答には反響が少なく、第一に著者の用意も足りなかった。初期の民俗学の混沌時代の産物として、記念せられることは致し方も無いが、今頃私が是を覆刻するに至ったのには微意がある。或は時すでに遅しの憾みがあるかも知らぬが、何故に斯ういう珍らしい祠の神が盛り又衰えたかを、もう一度問題にしてもらいたいのである。

この一巻の書の成った頃には、私は市谷《いちがや》で白鳥先生の隣の町に住んで居た。家がポストの距離よりも近かった故に、自分で手紙を持参して懇ろな批判を受けたことを覚えて居る。その他の通信はすべて郵便によった。ただ最後の弟への手紙が、返事をもらわずにしまっただけである。その数多い旧友の中では、白鳥先生がただ一人、今も健やかにあの大きな研究を続けて居られるばかりで、あとはすべて皆遠い処へ旅立たれた。そうして恐らくは三十年もしてから、再びこの本が以前のままの姿で、世に送られようなどとは予期せられなかったろう。学問にもやはり期限のようなものがある。たまたま私は催促を受けなかった為に、測らずも弁済を怠って居たのである。

昭和十六年十一月

柳田国男

遠野物語

（『遠野物語』柳田国男、明治四三年六月一四日発行）

序　文

此話はすべて遠野の人佐々木鏡石君より聞きたり。昨明治四十二年の二月頃より始めて夜分折々訪ね来り此話をせられしを筆記せしなり。鏡石君は話上手には非ざれども誠実なる人なり。自分も亦一字一句をも加減せず感じたるまゝを書きたり。思ふに遠野郷には此類の物語猶数百件あるならん。我々はより多くを聞かんことを切望す。国内の山村にして遠野より更に物深き所には又無数の山神山人の伝説あるべし。願はくは之を語りて平地人を戦慄せしめよ。此書の如きは陳勝呉広のみ。

昨年八月の末自分は遠野郷に遊びたり。花巻より十余里の路上には町場三ヶ所あり。其他は唯青き山と原野なり。人煙の稀少なること北海道石狩の平野よりも甚だし。或は新道なるが故に民居の来り就ける者少なきか。遠野の城下は則ち煙花の街なり。馬を駅亭の主人に借りて独り郊外の村々を巡りたり。其馬は黝き海草を以て作りたる厚総を掛けたり。虻多き為なり。猿ヶ石の渓谷は土肥えてよく拓けたり。路傍に石塔の多きこと諸国其比を知らず。高処より展望すれば早稲正に熟し晩稲は花盛にて水は悉く落ちて川に在り。稲の色合は種類によりて様々なり。三つ四つ五つの田を続けて稲の色の同じきは即ち一家に属する田にして所謂名処《ミヨウシヨ》の同じきなるべし。小字より更に小さき区域の地名は持主に非ざれば之を知らず。古き売買譲与の証文には常に見ゆる所なり。附馬牛《つくもうし》の谷へ越ゆれば早地峰《はやちね》の山は淡く霞み山の形は菅笠の如く又片仮名のへの字に似たり。此谷は稲熟すること更に遅く満目一色に青し。細き田中の道を行けば名を知らぬ鳥ありて雛を連れて横ぎりたり。雛の色は黒に白き羽まじりたり。始は小さき雞かと思いしが溝の草に隠れて見えざれば乃ち野鳥なることを知れり。天神の山には祭ありて獅子踊あり。茲にのみは軽く塵たち紅き物聊かひらめきて一村の緑に映じたり。獅子踊と云ふは鹿の舞なり。鹿の角を附けたる面を被り童子五六人剣を抜きて之と共に舞ふなり。笛の調子高く歌は低くして側にあれども聞き難し。日は傾きて風吹き酔ひて人呼ぶ者の声も淋しく女は笑ひ児は走れども猶旅愁を奈何ともする能はざりき。盂蘭盆に新しき仏ある家は紅白の旗を高く揚げて魂を招く風あり。峠の馬上に於て東西を指点するに此旗十数所あり村人の永住の地を去らんとする者とかりそめに入り込みたる旅人と又かの悠々たる霊山とを黄昏は徐に来りて包容し尽したり。遠野郷には八ヶ所の観音堂あり。一木を以て作りしなり。此日報賽の徒多く岡の上に灯火見え伏鉦《ふせがね》の音聞えたり。道ちがへの叢《くさむら》の中には雨風祭の藁人形あり。恰もくたびれたる人の如く仰臥してありたり。以上は自分が遠野郷にて得たる印象なり。

思ふに比類の書物は少なくも現代の流行に非ず。如何に印刷が容易なればとてこんな本を出版し自己の狭隘なる趣味を以て他人に強ひんとするは無作法の仕業なりと云ふ人あらん。されど敢て答ふ。斯る話を聞き斯る処を見て来て後之を人に語りたがらざる者果してありや。其様な沈黙にして且つ慎深き人は少なくも自分の友人の中にはある事なし。況や我が九百年前の先輩今昔物語の如きは其当時に在りて既に今は昔の話なりしに反し此は是目前の出来事なり。仮令敬虔の意と誠実の態度とに於ては敢て彼を凌ぐことを得と言ふ能はざらんも人の耳を経ること多からず人の口と筆とを倩《やと》ひたること甚だ僅かなりし点に於ては彼の淡泊無邪気なる大納言殿却つて来り聴くに値せり。近代の御伽百物語の徒に至りては其志や既に陋且つ決して其談の妄誕に非ざることを誓ひ得ず。窃に以て之と隣を比するを恥とせり。要するに此書は現在の事実なり。単に此のみを以てするも立派なる存在理由ありと信ず。唯鏡石子は年僅に二十四五自分も之に十歳長ずるのみ。今の事業多き時代に生れながら問題の大小をも弁へず。其力を用いる所当を失えりと言ふ人あらば如何。明神の山の木兎の如くあまりに其耳を尖らしあまりに其眼を丸くし過ぎたりと責むる人あらば如何。はて是非も無し。此責任のみは自分が負はねばならぬなり。

おきなさび飛ばず鳴かざるをちかたの森のふくろふ笑ふらんかも

柳田国男

再版覚書

（『遠野物語 増補版』郷土研究社、昭和一〇年七月三一日発行）

前版の遠野物語には番号が打ってある。私は其第一号から順に何冊かを、話者の佐々木君に送った記憶がある。其頃友人の西洋に行って居る者、又是から出かけようとして居る者が妙に多かったので、其人たちに送ろうと思って、あの様な扉の文字を掲げた。石黒忠篤君が船中で此書を読んで、詳しい評をしておこされた手紙などは、たしかまだどこにか保存してある。外国人の所蔵に属したものも、少なくとも七八部はある。其他の三百ばかりも、殆ど皆親族と知音とに頒けてしまった。全くの道楽仕事で、最初から市場に御目見えをしようとはしなかったのである。

此書の真価以上に珍重せられた理由は是だと思う。今度も同じ様な動機で覆刻を急ぐことになったのだが、以前にも私は写しますなどという人が折々は有るので、多少の増訂をして二版を出そうと思い、郷土研究社には其予告をさせ、且つ古本商には警告を与え、佐々木君にはもっと材料があるなら送って来るように言って遣った。同君も大いに悦び、手帖にあるだけを全部原稿紙に清書して、或時持って来て、どさりと私の机の上に置いた。これを読んで見ると中々面白いが、何分にも数量が多く、又重複があり出したくないものがまじって居る。これを選り別けて種類を揃え、字句を正したり削ったりする為に、自分でもう一度書き改めようとした。或はきたなくとも元の文章に朱を加えた方が早かったかも知れない。自分の原稿がまだ半分ほどしか進まぬ内に、待ち兼ねて佐々木君が聴耳草紙を出してしまった。

聴耳草紙は昔話集であるのだが、あの中には私がこちらへ載せるつもりで居た口碑類を若干は取入れてある。昔話も二つか三つ、是非とも遠野物語の拾遺として出そうと思って居たものが、聴耳の方で先に発表せられてしまった。そうで無くても後れがちであった仕事が、是で愈々拍子抜けをして、終に佐々木君の生前に、もう一度悦ばせることが出来なかったのは遺憾である。

今度は事情がちがうから、二十五年前の遠野物語を、重版するだけに止めて置こうかという意見もあったが、それでは是に追加するつもりで、折角故人の集めて置いた資料が、散逸してしまうかも知れぬ懸念があるので、やはり最初の計画の通り、重複せぬ限りは皆是を附載することにした。此中には自分が筆を執って書き改めたものが約半分、残りは鈴木君が同じ方針の下に、刪《さん》定《てい》整理の労を取ってくれられた。順序体裁等はほぼ本編に準ずることにして、是亦同君に一任し、更に郷土研究其他の雑誌に散見する佐々木君の報告で、性質の類似するものだけは此中に加えて置いた。斯うして見ると初版の遠野物語ばかりが、事柄は同じであるのに文体がちがい、且つ引離されてあることが如何にも理に合わない。或は是も書き改めて、類を以て集めた方がよかったのかも知れぬが、それでは自分に取って記念の意味があまりに薄くなるのみならず、一方旧本に対する無益の珍重沙汰が、尚いつ迄も続かぬとも限らぬ。そう大したもので無かったということを、弘く告白する為にも原形を存して置いた方がよいと思うのである。

実際遠野物語の始めて出た頃には、世間は是だけの事物すらもまだ存在を知らず、又是を問題にしようとする或一人の態度を、奇異とし好事と評して居たようである。しかし今日は時勢が全く別である。斯ういう経験はもう幾らでも繰返され、それが一派の学業の対象として、大切なものだということも亦認められて来た。僅か一世紀の四分の一の間にも、進むべきものは必然に進んだ。是に比べると我々の書斎生活が、依然として一見一聞の積み重ねに労苦して居ることは、寧ろ恥じ且つ歎かねばならぬのである。少なくとも遠野の一渓谷ぐらいは、今少しく説明しやすくなって居てもよい筈であったが、伊能翁は先ず世を謝し、佐々木君は異郷に客死し、当時の同志は四散して消息相通ぜず、自分も亦年頃企てて居た広遠野譚の完成を、断念しなければならなくなって居る。此の如きは明かに蹉跌の例であって、毫も後代に誇示すべきものではない。嗣いで起るべき少壮の学徒は、寧ろ此一書を繙くことによって、相戒めて更に切実なる進路を見出そうとするであろう。それが又我々の最も大なる期待である。

柳田国男

時代ト農政

開　白

（『時代ト農政』聚精堂、明治四三年一二月八日発行）

自分の如き者の意見でも稀には採用せられたものがあります。又採用はせられぬ迄も後日になってそれ御覧なさいと言うことの出来たものもあります。併し自分はそんな過去った事実、碑文じみた記念を世に遺す気は有りません。茲には今日尚問題である所の問題で、私の説のあまり反響を起さなかったものばかりを公にしました。是は微志の存する所であります。曾て印刷はしましても雲煙過眼の雑誌であり又は頒布の狭い書物であった為に一層人の注意を惹かなかったのかも知れませぬが、恐くは研究の方法が少々迂遠のように見えた為に急進的思想を持って居られる先輩の趣味に合わなかったのでしょう。それに議論の中心とする所が厳格なる意味に於ての時事問題ではありませんでした。考えて見れば此は我々と同じく自分で自分を教育して見ようと云う若い人たちに対してでなければ説くべからざるものでありました。仍て今度は此から実際界に打って出ようとする諸君の中から同情ある読者を求めようと思うのであります。

御断りをする迄も無く自分は学究ではありませぬ。職業の上から申しましても必要以上の学問をする権利を有たぬ者であります。新聞と演壇とがあまりに敏活にあまりに軽快に一代の問題を解決して了い、現在多数者の希望があまりに適切に一国の国是を構成する時代には、うかとすると臨機応変策の連続を以て即ち是れ政治と誤解せらるるの虞がありますす故に、時々は平常の立場から一歩を退いて稍広い眼界を一眸に見渡すような研究をする必要があることを感じませぬならば、何を苦しんでか人からはチョン髷の五つも頭へ載せて居るように嘲られつつ斯んな小面倒な題目に限ある精力を費しましょう。実際日本のように進歩の強烈なる国では所謂開国五十年史だけでも頗る尨大であります。あれを記憶するだけでも容易で無いのに、今更曽祖父の証文の如きものを持出さずとも新しい材料だけで何とか片付けようでは無いかと訓戒して下さる人も有りましょうが、残念ながらそうは行きません。日本の内地にはちっとも新聞を見ぬ人がまだ四千五百万人ほど居ります。親の田畠を親の農法で耕作して些かも外界の経済事情に適応することが出来ず又適応しようとも力めずに、唯世渡りは骨が折れるとばかりで兀々と働いて居る人が存外に多数なのです。勿論旧弊な政治でなければ此人々を幸福にすることが出来ぬと云うのではありませんが、少なくとも彼等の本然に反した思遣りの無い統一政治では永遠に彼等を納得させて新時代に導き出すことが難かろうと思うのであります。時代の変遷と云うことは何も私が発明した新熟語でもありませんが、唯如何に変遷したかと云う具体的の説明に就ては私は稍立入って試みて見たつもりであります。若し幸に僅かでも手柄がありとするならば、それは現在日本の経済事情は決して一朝に発現したもので無いこと、従って一朝に之を更改し得るものでも無いことと、我国の如く交通の緻密な人口の充実した猫が屋根伝いに旅行をし得るような国でも地方到る処にそれぞれ特殊なる経済上の条件があって流行や摸倣では田舎の行政は出来ぬこと、それだから結局は訓諭よりも当事者の自覚的研究を慫慂する方が大事であると云うことを明白にした位なものでありましょう。

是も時代変移の一例でありますが、今日と自分の子供の時分とを比べて見て大に違って来ましたのは朝野共に非常に議論献策の減少したことであります。役人が意見書を出すことの少なくなったのは或は事務が増加して余裕が無くなった為か又は職務の分界が明確になって慎んで他人の権限を侵さぬ故かは知りませぬが、兎に角ぱったりと止みました。又在野の志士が自分の貧乏は苦にもせずに建白書を懐にして遥々と上京をするなどと云うことも何時となく歴史になりました。此変遷が略二十三年の議会の創設を堺線にして居るのは注意すべき事実であります。成程今日とても請願はあります。穏当不穏当種々なる方法を以て年々数百千通の請願が出て行きます。併し其中に書いてあることは要するに論議では無く希望であります、注文であります。人に言わせるか自ら言うか兎に角個人又は一団体の為に何かして呉れと云う要求でありまして国の政治を議したものでは無いのです。言わば所謂運動費を仕払って引合う事業なのであります。又新聞や雑誌を見ても近頃おかしい程減少したのは論難弁駁の文であります。よほど感情でも害しなければ人の議論などは攻撃せずに常に別の方を向いて別の事を談じております。此は必ずしも患うべき現象で無いのかも知れません。議論が盛だから優等の国民だとも言えますまい。露西亜の地主は議論が好で一昼夜位差向いで意見を戦わす人も稀では無いそうですが、終には空漠な哲理に落ちて双方何の為に寝食を忘れて議論をしたのか忘れて了うことがあると云うことです。此も困った物ですが、腹の中の考は丸々違うくせに議論は愚だと他の手段を求めるのは或は学問的良心の退縮と申しましょうか。共同研究の誠意の欠乏と悲観してもよいのであります。議論をせねば敗けて他人の意見を行わねばならぬと云うことも無し、多数の言いそうな事を推測して之を上手に言現わせば褒められますが、それでは到底国事を憂うることは出来ないのです。自分の為の申訳ではありませんが、私は今一度勢力地位のある人も無い人も、名聞心からであっても無くても、意見のある者はどしどし之を表白する維新前後のような気風を起したいと思います。又今日のような先輩講話時代、黙々拝聴時代の一日も早く過去ることを切望するのであります。

此書物の中で報徳社を批評した一篇は報徳会の雑誌「斯民《しみん》」の誌上で跡にも先にも殆ど唯一度烈しい攻撃反駁の的であったと云う珍しい履歴を有って居ります。それも相手が七十余齢の老学者岡田良一郎先生で無かったならば仮令口では何と言われても長文を草する迄の面倒は見て下さらなかったろうと思います。此点に於ては自分は先生の壮心に対して窃かに当代人物の為に其根気の薄いのを愧じております。岡田先生の反対論は十分に親切で且同時に之に関し諸国の門派の者に訓示せらるる所がありました。併し其論旨に依って改めなければならぬ所は唯辞句の礼を欠いて居たらしかった点ばかりで、其他には屈服すべき必要を見ませなんだのみならず、童児何をか知らんと云うような語気が多くありまして数年後の今日之を再読しましても何とか言いたい位でありますから、其当時は余程流行の風に背いて議論を戦わしたかったのであります。併し報徳会は自由なる共同研究の機関で私の説は此会をまだ公開せぬ前に演述した筆記であったとは言いながら、既に報徳会を公の団体とし此から広く全国に会員を募ろうとする折柄こんな議論を繰返して居る為にさもさも内訌でもあるらしく世間から誤解せられては統一の任に当って居らるる諸君に気の毒と思いましてやっと我慢をしたのです。今となっては出しても構いはしますまい。又岡田先生の議論の中で駁撃になって居る部分を抄録して之を各箇条の下に掲げましたのは全く先生の説を尊敬した所以であります。斯る反対があったけれども自分の意見は元の通りと云うことを重ねて述べて置くのであります。先生の議論は「斯民」第一編の第五号と第八号とに出て居りますから私が自分に都合の好い所ばかりを抜出したので無いことは容易に証明が出来ます。

私の意見に対する反対論を目で見たのは生れてから唯一度ですが耳では折々聞きました。尤もそれも極めて断片的にです。何れの点を指してだかは知りませんが、どうも柳田の説は変だと駒場の専門家が言われました。又某県の良二千石もあの男の言うことは分らぬと断定せられたそうであります。此の如き噂を承りますと或は実際自分の観察のし方が悪いのでは無いかとひどく気の弱くなることもありますが、いやいやそんな事で国の為の研究が続けて行かれるか。此点と指摘せられて理由があったら心持よく改訂して進歩をしよう。もし又先方がどこ迄も遠慮深いならば致し方も無い。ちと仰山な言草ではありますが、是非を百年の後昆に問おうと思いまして今回の如き企をしたのであります。併しながら時代は寸刻も休まずに推移致します、人はあとからもあとからも生れて来ます。微々たる自分輩の意見などが爪の垢ほども反響を世間に及ぼさぬ中に国運は進むように進み成るように成り、時勢は無頓着に数十回転して最早此等の献策が何等の適用をも見ぬこととなり、あの時代にはこんな議論もしなければならなかったのかとか、甚しきに至っては昔は妙な術語を使用した物だなどと云って、経済史を学ぶ学生たちが折々来てはちょいと覗くような、あまり調法でも無い参考書となって了うかも知れませぬ。人間はどの位まで精励刻苦すれば時代を作ったり時代を動かしたりする大人格となれるものか、我々凡人には殆ど之を推測することさえ出来ませぬ。あんまり面白くもない話であります。朝鮮併合後三日。

もゝとせの後の人こそゆかしけれ今の此世を何と見るらん

附　記

（『柳田国男先生著作集　第四冊　時代ト農政』実業之日本社、昭和二三年五月二五日発行）

第一次世界大戦後、私は誤解して世の中がすっかり変って終い、それまでの農政の学問は役に立たなくなるものと考えた。役人をやめることになって、農政方面の蔵書はすべて帝国農会へ寄附し保存して貰うことにした。

しかしこの想像は早まっていた。間もなく任務を帯びて渡欧し、彼地の農村をあるく機会を得た際にそれに気がついた。けれども最早新規に農政の学を立直おす気持はなく、この学問は一端途切れてしまった。

それまでの旧稿は二、三の書物になったが余りに貧弱であった。自分が旺んで余裕があったら新らしくやって見たいと思ったが、つい我儘の生活に馴れて今日の時世にぶつかって終った。今度ばかりは世の中が一変すると思う。しかしもう二度と中絶した学問を再興する気力はない。従ってこの四十年前の旧作に対しては人の知らない淋しい感慨がある。今読んでみてもこれらの話の中には疑ったばかりで理由の説明出来ない不思議な事実がいくらも残っている。その一部は外国の書物の精読によって解説し得るかも知れないが、国の成立ちが別のため、それればかりですっかり明かになるとは思わぬ。出来れば民俗学徒の中から、この不可思議現象に注意を払い、私の微力がなし得ずに終ったことをもう少しはっきりとさせて貰うようにしたい。その意味に於てこの本は記念の書物には相違ないが、現在の我々からいうと非常に後に遠ざかって終った。これだけの内容のみをそのまま受けつがれて、それで良いという気にはどうしてもなれない。その気持だけは久振りの重版にあたって一言書添えて置きたいと思う。

昭和二十三年二月十二日

柳田国男

山島民譚集

（『山島民譚集（一）』甲寅叢書刊行所、大正三年七月四日発行）

小序

横ヤマノ　峰ノタオリニ
フル里ノ　野辺トホ白ク　行ク方モ　遥々見ユル
ヨコ山ノ　ミチノ阪戸ニ
一坪ノ　清キ芝生ヲ　行人《ギョウニン》ハ　串サシ行キヌ
永キ代ニ　ココニ塚アレ
イニシヘノ神ノヨリマシ　里ビトノ　ユキキノ栞
トコナメノ絶ユル勿レト　カツ祈リ　占メテ往キツル
此フミハ　ソノ塚ドコロ　我ハソノ　旅ノ山伏
ネモゴロニ我勧進《カンジン》ス
旅ビトヨ　石積ミソヘヨ　コレノ石塚

再版序

（『山島民譚集』創元社、昭和一七年一一月三〇日発行）

山島民譚集を珍本と呼ぶことは、著者に於ても異存が無い。それは今から三十年も昔に、たった五百部を印刷して知友同好に頒ったという以上に、この文章が又頗る変って居るからである。斯んな文章は当世には無論通じないのみならず、明治以前にも決して御手本があったわけで無い。大げさな名を附けるならば苦悶時代、即ち俗に謂う雅文体が段々と行き詰まって、今見る「である文」はまだ思い切って出あるけない一つの過渡期に、何とかして腹一ぱいを書いて見たいという念願が、ちょうど是に近い色々の形を以て表示せられたので、言わばその数多い失敗した試みの一例なのである。無論誰一人この文体を採用した者は無いのみか、筆者自らも是を限りにして罷めてしまったのだが今日となっては歴史的な興味が、他人で無いだけに自分には特に深い。何が暗々裡の感化を与えて、斯んな奇妙な文章を書かせたかということが、先ず第一に考えられるが、久しい昔になるのでもう是という心当りは無い。ただほんの片端だけ、故南方熊楠氏の文に近いような処のあるのは、あの当時闊達無碍の筆を揮って居た此人の報告や論文を羨み又感じて読んで居た名残かとも思う。但し南方氏の文は、勿論是よりも遥かに自由で、且つさらさらと読みやすく出来て居る。私の書いたものが変に理窟っぽく、又隅々の小さな点に、注意を怠らなかったということばかりを気にして居るのは、多分は吏臭とでも名づくべきものだろう。今はそうとも言えまいが、あの頃はいわゆる御役所の文章が衰頽を極めて居た。読まずに居られぬから人が読むというだけで味も塩気も無く又冗漫で措辞の誤りが多かった。私たちは自身も刀筆の吏でありながら、是が厭で厭でたまらなかった。そうして事情の許す限り、努めて毎日の気持に近い、意見書や復命書を書こうとして居たのである。それは或程度まで成功したかも知れぬが、その応用にはおのずから限度がある。一たび職掌を越えて河童や馬蹄石の問題を取扱おうとすると、日頃の練習が却って悪い癖となって、忽ちお里を顕わしてしまったのは苦笑の他は無いのである。それからもう一つ、是も気が咎めるから白状して置くが、ちょうど此本を書いた頃、私は千代田文庫の番人をして居た。そうして色々の写本類を、勝手に出し入れをして見ることが出来たのである。斯んなにまで沢山の記録を引用しなくとも、もっと安々と話は出来たのであるが、それが駆け出しの学徒の悲しさであり、又実は内々の味噌でもあった。御蔭で河童論などは何だか重くるしく、且つ妙に歯切れの悪いものになって居る。今から考えると決して利益だったとは言えない。ただ其為に愈々世に遠く、珍本と呼ばるる条件を具えるようになったことだけは、筆者の為にも好い記念ではあった。

この書に掲げた二つの問題のうち、一方の水の神の童子が妖怪と落ちぶれるに至った顚末だけは、あの後の三十年に相応に論究が進んで居る。最初自分がやや臆病に、仮定を試みたことが幾分か確かめられ、之れと関聯して又新たなる小発見もあった。今少し具体的な結論を下しても、反対をする人はもうあるまいというまでになって居る。他の一方の馬の奇跡についても、別な解説を下す人はまだ現われず、しかも私が引用したのと同じ方向の証拠資料が、永い間には次々と集積して、何れも倍以上の数に達して居る。一度はこの本を解きほぐして、書き改めて見ようとしたこともあったが、其時間も無かったのみならず、又その必要も無いような感がある。その上にこのやや奇を好んだ一巻の文は、日本民俗学の為にもあとの港の灯の影のようなものである。是をもう一度そっくりと本の形で、世に残して置くことも意味が有るかと思う。少し気になるのは地名称呼の改廃で、是を今日の行政区劃に引当てて置けば便利だろうと思ったが、もうその中にはわからなくなって居るものも若干ある。やはり必要の生じた際に、利用者自らが個々の土地について、もう一度調べるより他はなかろうと思う。古い書物に載録せられたものは言うに及ばず、自分が直接に見たり聞いたりした事実でも、再び尋ねて見るともう誰も知って居ないという場合は多い。仮に多少の改訂増補をして見たところで、到底この一巻を現代の書とすることは出来ない。ただ著者たる自分が後世人の中にまじって、もう一度三十年後の新たなる批判を聴く機会を得たことを幸いとするのみである。

昭和十七年七月

柳田国男

炉辺叢書

炉辺叢書序

（『赤子塚の話』『神を助けた話』玄文社、大正九年二月二〇日発行）

此叢書《このそうしょ》の一つの価値は、寸分も作り話の無いことです。
敢《あえ》て有益とは言いませぬ。面白ければ其《それ》で結構です。
何《なん》となれば、現実にして且《かつ》面白ければ、是《これ》ほど結構な人世は無いからです。
炉辺とは有りますが、炉の無い家では火鉢の側《そば》でもよろしい。
又炬燵《こたつ》の上でも宜《よろ》しい。夏は涼しい処《ところ》で読んで下さい。
みんなの中で、一番やさしい、声の佳《よ》い人に読んでもらって下さい。
但し「あかり」だけは、蠟燭《ろうそく》見たような昔風のものではいけませぬ。
新しい光で読んでもらいたいのです。

再版に際して

（『柳田国男先生著作集 第十冊 神を助けた話』 実業之日本社、昭和二五年五月二〇日発行）

　神を助けた話と、赤子塚の話とは、今からもう三十何年も前に、書いて世の中へ送り出したもので、僅かな部数が好事家の文庫に留まり、又は探求せられて居た。最初から大きな効果は無かった本である。自分もその当座はときどき出して読み、是はもう一度改訂増補をしたいものと、思って見たこともあったが、その用意のノートも何処へか紛れ込んで、しまいにはただ書名の記憶だけになって居た。久しぶりに今度取出して目を通して見ると、誰か友だちの著作でも読むような気になって、懐かしさもなつかしく、かつては斯ういう世界もあったのかと、いうような感じがさきに立って、十分な反省ができない。

　新たにただ一つ心づくことは、この本は沢山の資料を駆使して、方法の奇抜を誇ろうとする野心が窺われるが、二つの文章に利用せられたものを見渡すと、純然たるフォクロアの資料がおかしいほど少なく、大部分は人のあまり知らない書物の中から、抜き出したものを並べて居て、それもまんべん無く又釣合いが取れて居るとは言えない。民俗資料の蒐集の相応に進んだ今日から見れば、是は不必要な労苦でもあり、又面白からぬ傾向でもあって、是を民俗学の正道ということには、私が先ず反対すべきであろう。ただ一つ十年前の山島民譚集と比べて見て、あれがやたらに珍書の知識を穿鑿して居たのに反し、こちらはもう活字になって世に行われ、見ようと思えば誰にでも見られる本だけに、引用を限ろうとしたことは進況だったとも言えるが、実際は是とても検討の機会が少なく、大きな誤解をして居ても誰からも咎められず、又反対の証拠の有るということも、気付かれずにしまう場合が、現に幾つか有る。殊に過ぎ去った古い記述のみに、重きを置くという習癖は、我々の仲間以外には、改革に志す者が今もまだ無いのである。早くこの学問に中堅の機関が成長して、あらゆる現存の資料を確実にし、それを自由に又安全に、援用し得るような時代を作るべきだという、一つの論点を供すること位が、せめては是等の文章の一つの手柄だったのかも知れない。少なくとも問題の未だ解決せられないものを、この世へ遺したということを以て一応は私は満足する。人生は判り切ったことばかりで無いということを、諸君に認めさせるだけでも一つの事業である。

　著述を一種の引継ぎだということを、考えてくれない読者が文化科学の方面には多い。たとえば爰に並べた二つの論文のうち、赤子塚の話は自分でもなお注意を進め、更に石田君の母子神信仰のような、大きな研究も出発の途に就いて居るが、他の一方の山神と其崇敬者の信仰の変遷の如きは、話端が多岐であり、説明があまりにも微弱であった為だろうか、今まで物の序にも、是に触れた人が絶えて無かった。日本の神道は未来に掛けての大きな問題で、今なお世界の通説を以て、類推し難いものが残って居るらしいのに、自分の知る限り、斯ういう側面に光をスポットしようとした人が、仲間にもまだ無かった。そうして白状するとこの中に、実は笑われてもよい大きな誤謬が一つあった。察するに今までこの点に気づいた人はあっても、是は斯ういう説として、ただ読み過して居て当人にさえも教えてくれなかったのである。俵藤太の竜宮入の物語を、江戸期の初頭に成った前太平記が、是を文筆に載せた始めと謂ったのは、自分でも意外な思いちがいだった。ずっと以前にも絵入りの御伽冊子があったのみならず、本編の太平記にも、流布本には少なくとも、ちゃんと同じ話が出て居る。この文を書くよりも四年前の大正四年に、南方熊楠氏の大きな論文が「太陽」に連載せられ、それから深い印象を受けて、神を助けた話を思い立ったのだが、其際改めてもう一度、あれを読み返して見ることが出来なかったばかりに、斯んな簡単な事実のくいちがいに心付かず、うっかり早合点によって推論を進めてしまった。幸いに全体の構造には大きな影響も無いので、恥だけれども此ままにして置くが、少なくとも同じ口碑は室町期の半ば前から、京都とその近国には弘く行われ、従って蒲生氏一類の家の信仰を動かして居たのであった。今少し早く此失策を知って居たならば、この一文は書き改めたことであろうが、今となってはもう力が及ばぬ。他にも是と似た誤りは無いとも限らぬが、やはり有りのままを残して置くの他は無い。そうして出来るならば後の人の手で、もっと痛切な補正をしてもらいたいと思う。

終りになお一言、余談のようなことを書き添えると、私はちょうどこの二つの文章を公けにする頃に、本の大きさということを頻りに考えて居た。書く人読む人の時間の都合から言っても、又題目の重要さから見ても適度と思われる長さの文章が、日本では特に発表の困難な事情に在った。雑誌では連載をあまり喜ばず、一巻の書とするには少し足らぬので、勢いあとさきに余計な話を附けるか、そうで無ければ統一もない雑文集を作って、保存を一段と不可能にする。どんな程度の長さでも問題毎に、書けもし読めもするようにしたら、むだが少なくてさぞ助かるだろうと思って居た。外国には段々例も有るらしいのだが、折柄日本へ来て居た英国のナットという店の民俗学の叢書を、或男に見せて私はその話をした。それは好い考えだから、こちらでも其通りのものを出そうというので、大いに張込んで書いたのが第一次の炉辺叢書であった。ところが出て見ると愚かしい猿真似で、ちっとも我々の気持は出て居らぬ上に、四冊を箱に入れて一組にして売るのだから、買う方の拘束は昔通りであった。第二の炉辺叢書はこの弊は防ぎ得たけれども、是は研究よりも採集を主とした故に、数多く読まれたものが少なく、何処へか隠れてしまってもう反響は聴かれなくなった。民俗学の進路には、斯ういう棄石のようなものがごろごろして居る。その拙ない姿の一片が顧みられるというのも、言わば歴史を確実にする為であった。必ずしも石そのものの幸福とは言えない。

昭和二十五年一月

柳田国男

郷土誌論

序

（『郷土誌論』郷土研究社、大正一一年三月三〇日発行）

此論文は我社の菅沼可児彦君の書いたものです。菅沼君は目下留守ですが、議論の責任は全部私が代って引受けますから、どうか十分の御批評を願います。

大正十一年三月

郷土研究社に於て

柳田国男

解題

（『炉辺叢書解題』郷土研究社、大正一三年一一月発行）

一村一郷党の前代生活を探究するに当って、国の政治史を学ぶのと、同じような態度を持するは誤である。文字の恩恵は朝廷と之に接近する若干の家族、並に大社大寺のみの独占する所であった時代は久しく続き、而も我々の祖先は其間にも、平民として尚生存して居たのである。若し記録文書の拠って証とすべきもの無くんば、村の昔は得て尋ぬべからずとするならば、多数の郷土誌は則ち徒労である。然らば此以外に何の材料を採り、如何なる態度を以て之に臨まんかと謂わば、爰に人間と謂い、其言語歌謡と謂い、其慣習信仰と謂い、其生活様式と謂う絶大普通の遺物あって、到る処の里閭に充満し、兼て巧むこと無き故に端的に父祖の古い生活と其心持とを語って居る。之を批判する従前の学者の眼は偏頗であった。殊に多くの誤を導いたのは、年代と固有人名に対する執着であったが、そんなものは重要な点でも無く、又作為が多い。我々を助けるのは唯内外の比較研究と、人は無意味なことを行い又は言うものに非ずと云う、至って簡単な前提とである。

祭礼と世間

（『祭礼と世間』郷土研究社、大正一一年八月二〇日発行）

小序

既に専門の研究に徹底した学者が、出でて大に社会諸学の為に活動する風は、森林太郎さんの近世伝記、中山平次郎さんの古代工芸論等、医科の博士方だけの特色のようにも考えられたが、やはり決してそんな筈は無かったのである。東京では植物学者の松村教授が、この十何年の間、日本語の語原を説いて倦むことを知らず、到頭自ら号して観照と名乗られた。東北大学の日下部氏の如きも、根気と親切とに於てほんの些し之に譲るが、新たに信仰物理学と謂う部門を立てて、田舎の青年を化導せんとせられたのは、もう久しい以前からのことである。社会が此傾向を歓迎する理由は、単に有能の士に二人前働かせたと云う満足のことでは無い。前に一つの学問に於て、十二分に鍛えた観察力と証明方法が、いと容易く第二の研究に応用せられて、此方面には有勝ちな拘泥と独断とを、取除く見込が多いからである。殊に日下部博士の塩竈論が出ると聞いた時などは、我々は待つ船が著いた朝のような気持がした。此論文は実に其気持を以て、筆を執った所の、一種の歓迎辞である。そうして Folk-Lore の学問も、御蔭を以て其頃から、めきめきとして都鄙の間に盛になり、終に此叢書なども要求せられるようになった。一体今迄の日本は、学術上の割拠時代であった。苟くも一派の親方と認められる人々は、我が縄張を荒らされるを憎みつつ而も、其説の最も緊要な点で、却て議論を面倒臭がり、妙に言葉少なになって、「余を信ぜよ」と云う顔をする。此癖を破らなければ、民間布衣の学は興るまいと思う。故に我々は、今後日下部氏等の例に倣い、勇気を振い道楽を去り、率直に所信と疑惑とを表明して、自由に前説を批判し之に関して責任の有る学者の答弁を気永に待つが善いのである。「祭礼と世間」の一篇は、其題目が普遍的の興味を具うるものである上に、右申す如き新学者の新学風を記念する点からも、之を出板する価値が有る。我々は多分此因縁に基いて、単に所謂信仰物理に於てより多くを学び得るのみならず、学者の良心の常に極めて鋭敏なること、大学の先生の専門外の論議と云うものは、決して陸海軍の閣下たちが、大霊道の保証人と為るような、筋違いのもので無いことを、体験するの機会を得ることであろう。

大正十一年五月六日再度渡欧の前夜

柳田国男識

解題

（『炉辺叢書解題』郷土研究社、大正一三年一一月発行）

日本の神様を、信仰の対象と考えることを欲せず、従って神の恵み、又は神の罰と云うことを丸で度外視しながら、而も尚神社を中心として、郷党の思想感情を統一して見ようとする、今日の所謂有識階級の態度を批判する為に、公表せられたる一論文である。此人々は不幸なる時代の空気の中に成長した為に、親や祖父母の心持までがよく分らず、何の為に村に鎮守があり、何故に自分たちが其氏子であったのかも知ろうとしなかった。其為に色々の複雑な感情衝突があって、時々は其結果が政治の上にも現れる。之を避けんとすれば今少しく以前の生活を諒解して、其から方法を案ずるがよいと云うことを、沢山の実例を引いて説明しようとした本である。ちょうど其頃或地方の祭礼に、御輿が非常に荒れて警察の人を怒らせてしまった。此を一人の大学教授が、物理学の法則で弁明しようとした。其無邪気な議論が如何にも当世流の標本のように思われた為に、それに興味を感じて雑談風に、なるだけ反対者を不愉快がらせぬように、ごく平たく書いたものである。

解題

（『方言と昔他』朝日文庫9、朝日新聞社、昭和二五年一月二〇日発行）

是はまだ朝日に入らぬ以前、大正八年の夏の寄書であった。あの頃は新聞が伸び伸びとして居て、斯んな気楽千万な問題でも、毎日続けて読もうという人が多かったのである。日下部さんという物理の教授も、後で聞くと至極快活なのんきな人だったらしく、あまり私が力瘤を入れて、神輿の異変などは物理学によって解説すべきものでないと言うのを、少しひやかして笑いに紛らそうとせられたのだが、それが又癇にさわって、一つ本にして出そうという気になった。炉辺叢書の一冊で部数は僅か八百部、しかも編修者は折口氏であったので、またたく間に珍本になってしまい、今でも捜したり写したりして居る人が多い。今読んで見ると内容はさして大きな価値が無い。今だって信仰民俗の資料は豊かとは言えぬが、此頃はまだ私は書冊の知識しか貯えて居なかった。そうして諷刺がいやにまわりくどく厭味である。ただあの時代の官僚式合理解釈なるものが、何か偽善のように思われてたまらず、いわゆる無智矇昧の輩の為に、一言の弁を費したかっただけである。しかし幸いに是が一つの言質になって、少しずつ我邦の固有信仰の問題に、注意を集めなければならぬようになった。そうして是から以後の三十年が、神道にとっても実に空前絶後といってよい大変遷だったのである。少なくとも一種路の辻の標木のような、記念の意味は此本にはあると思う。『祭礼と世間』とを書いた際はまだ知らなかったが、世間というものも非常に変って居る。第一にああいう神輿は中世からのものであり、之をかつぐ人々の構成組織も元は無かった。従ってこのような物理的現象も、昔は実験することは出来なかった。ただこの運動に参加した力に、新旧内外の数限りも無い複合があって、是を分析して見ることはあの当時は素より、今とても決して平易でない。それをたった一つの表面に見える原因に、帰し去ろうとしたことの誤りだけは、言わば物理学者の不朽の過失だったのである。斯うした意見の世俗的効果が、存外に偉大なことは今も変りが無い。というよりも今の方が恐ろしい。ただ之と抗争する方法に至っては、私の採用したものは不完全に相違ないが、やはりこの道を進んで行くの他はないと、今でもまだ思って居る。或はあまりにまだるっこい、気楽に過ぎるという人もあろうが、出来るだけ精確な事実を多く、つとめて興味のあるように覚え込ませ、それを各自が自分の力で綜合して、まちがいの無い判断を下すように、仕向けることが唯一の道だと思う。勿論そんな事は昔からして居るのだが、此節は問題の種が多く、与えらるる事実が多端である為に、外からの飛切り新らしいものに押されて、古い常識は一般に可なり低下して居る。すぐれた人ならば何としてでも其欠漏を補充し得るだろう。しかし多数の有権者に及ぼそうとすると、我々は是を今よりももっと知りやすく覚えやすいものにする必要があるのである。私たちの学業にいつも表現の問題が附きまとうて居る。この文章などは、如何にひいき目に見ても失敗だったが、新聞に斯ういう多数民衆と交渉ある問題を取上げてもらうことは、国語の改良の上からも非常に有難いことだと思って居る。話題の貧弱ということは、見るに忍びざる戦敗国の惨状の一つである。

昭和二十四年五月

炉辺叢書解題

炉辺叢書刊行趣旨

（『炉辺叢書解題』郷土研究社、大正一三年一一月発行）

炉辺叢書は其前身を甲寅叢書と謂って、大正三年以来の継続事業である。最初からの唯一つの目的は、我々が後の日本の為に、是非とも保存して置かねばならぬ色々の著作の中、現在の出版界の経済組織では、どうしても本屋の顧みることの出来ぬものを、一冊なりとも多く印刷して残したいと言うに在った。一二の篤志家が此企てに同情して無条件に提供してくれた資金などもあったが、勿論それのみでは充分では無いので、尚若干の手段を講ずる必要があった。其手段を打明けて申せば、一つにはなるべく多数の小冊子に分けて頒布を容易にし、其相互広告の作用に由って、此方面に使うべき経費を極度に節約することと、今一つは普通の出版業者でも喜んで引受けるような知名の大家に依頼して、其著述を此叢書の中に出してもらい、自然に其信望を利用して読者の注意を引こうと言うのであったが、二策ともに未だ十分の効を奏せぬ前に、世界に大戦乱が起って事情は変化してしまった。其代りには又自分は官を去って、境遇がよほど自由になった。少くとも自由な時間が非常に多くなったような感じがした。そこで一旦中絶して居た叢書の、名称と体裁とを変更して、永く継続して見ようと云う決心をしたのである。其には協力者たる岡村君の熱心が、終始不変であったことは此上も無き幸であった。我々両人の評定では、何分事業が大なる割に、之に充てらるべき資力が甚だ小さい。どうせ全体に手が及ばぬ位ならば、寧ろ我々自身に最も楽みの多い部分の力を専にして、同時に其恩沢を受けようでは無いかと云うことになった。而して両人の者が一致して、益々研究して見たいと思う方面は、変ろうとして未だ全く変ってしまわぬ村々の簡易な生活、其間からちらりちらりと窺い得らるる昔の人の信仰と心持、美しい物を愛する情、楽しく生きようとする切なる願、其他血を分けた我々として、知れば軽ずることの出来ない色々の微細なる事蹟を、成るべく地方々々で詳しく調べ、其比較と排列の中から、何か今一層大きく又大切な智慧を、引出して見ようとする新しい種類の史学であった。此事業の過去に心細い経験があり、前途には又若干の艱難を予測し得たにも拘らず、随分の元気と気軽さを以て、炉辺と云う文字を新叢書に採用することに決したのも此為である。

炉辺叢書は前に玄文社の手で刊行した四冊を除いても、もう既に十六巻を重ねて居る。此次に準備して居るもの、約束あり交渉あるもの迄算えると、更に三十余種の新しい著述が続こうとして居り、而もそれだけで尽きるような様子は無い。そこで発起人側の深く責任を感ずる所は、一方には閑静な田舎に住んで、書を読み物を観察し、曽て自分は著述などをする考の無かった人々を、刺戟し勧誘して大切な時を割かしめ、書物を世に遺す辛労をさせて居る向が幾つもある。其辛労を徒労に帰せしめまいとすれば、単に此事務を継続させるだけで無く、又之を繁栄せしめねばならぬ。然るに尚他の一方では、我々は又世間に対して、良書の後に伝うるに足るものであるが故に、此様にして保存するのだと云うことを、実物を以て立証するの義務がある。この二つの余分の理由から、我々は既に久しい間、普通の書肆の支配人が、敢て当るを要とせざる苦しい任務にも服して居り、更に又此事業を世間に訴えて、未知の同志の賛助を求めてもよろしいと信じて居る。此解題書は此趣旨に基いて、単純なる各篇の紹介をする為に書いて見た。仮に読者を釣るが如き誇張が有るとしたら、其為に永い将来に向って叢書の信用を損じ、先ず迷惑をするのは我々であるから、其点は最も警戒をして居るわけである。希う所は国内有縁の諸君、親しく各篇に就て著者の辛苦と、刊行者の用意の存する点を理解し、猶同種の好著述にして未だ我々の知らざるもの、或は埋没の免るべからざるを感じて、寧ろ著述に力めんとせざる篤学者を発見せられ、相共に叢書本来の目的を助成し、以て大正昭代の文運をして、今よりも更に重厚温雅なるものたらしめんことである。

大正十三年十一月

郷土研究社に於て

柳田国男識

海南小記

（『海南小記』大岡山書店、大正一四年四月二四日発行）

序

ジュネヴの冬は寂しかった。岡の並木の散り尽す頃から、霧とも雲の屑ともわからぬものが、明けても暮れても空を蔽い、時としては園の梢を隠した。月夜などは忘れてしまうようであった。木枯も時雨も此国には無かったが、四五日に一度ずつ、ヴィーズと云うしめった風が湖水を越えて西北から吹いて来て、その度毎に冬を深くした。寒さの頂上と云う頃には、或朝は木花が咲く。其時ばかりは霧がすこし薄れて、山の真白な雪が見え、日影がさして、鳥の姿などが目に映じた。

遠い東南の虹鮮かなる海の島と、島で行逢うた色々の人と、その折の僅かな旅の日記とを、それからそれへと思い出すのは、斯ういう日の午後の散歩の時であった。自分以外にただ一人だけ、沖縄と云う島を知って居る人が、同じこの町のしかも同じ丘に、わずか五六町を隔てて住んで居るのだが、それを知りながらも訪ねて話をすることの出来ぬのが、ことに堪えがたい旅人の無聊であった。

日本では誰知らぬ者も無いチェンバレン教授である。如何した心持からかジュネヴに来て、人に忘れられつつ静かに老いんとして居る。家はルッソオ旧居の近くに在って番地までも自分は知って居た。先生はラフカディオ・ハアンよりもたしか三つ四つ若かったからまだ七十には大分間がある筈だ。ひどく眼が悪くて、其眼は脳から来て居ると云うことであった。強いて面会を求める手紙を出した者もあったが、病気に障るからと云う代筆の断りが来たそうだ。秋の初のまだ暖かい頃までは、それでもジャルダン・アングレェの樹蔭水の滸を、看護人に伴われて逍遥して居られるのを、見かけたと云う人も幾人かあった。そんなら自分もよそながら一度はと思って、折々静かな午後などに往って見たこともあったが、終に目的を達せずして冬になってしまった。

ジャン・ロミウと云う日本ずきの青年工学士は、サン・ピエル大寺の横手の古本屋で、先生旧蔵の若干の和書を買入れた。之を聞いて自分たちも往って見たが、もう大部分は売れてしまって、一冊の日本口語文典だけが残って居た。有名な先生の自著であって、しかも沢山の書入が有るのは、疑も無く覆刻の準備であった。同行の藤井悌君が心を動かして、値段に構わず購って還ったから、此本ばかりは久しぶりに、再び日本の日の光を見たのである。

日本と此学者との因縁は並々でなかった。日本に生れて一生を勉強したものにも、チェンバレン氏だけの蒐集と述作とを、遺し得た者は多くなかった。我々が今頃少しずつ、必要を唱えて居る土俗誌の研究に、彼は遠国から来て三十年前に手を著けた。アイヌ民族の言語に就ても、大なる感謝は彼に属する。殊に琉球に至っては、母方の祖父、船長ベシル・ホールの曽て訪い寄って、なつかしい見聞録を世に留めた島である。其孫に取っては家の学であり、由緒ある研究であった。定めて人知れぬ愛著を以て、学問の成長を希うて居たことと思うのに、あの後先生の跡を踏んで、之を敷衍しようとした者が無いばかりか、不本意なる若干の小誤謬までが、今に其儘にして棄ててあって、本だけが所謂珍本と為って、読みもせぬ人の本箱の底に、追々と隠れて行く。先生の今の境遇を知る者には、是は言いようも無い寂しさであった。

運命は此の如く、時としては人間の書斎までを支配する。古代の海洋民族が大移動を記念すべき、有形無形の不思議な遺物、彼等に拮抗して今尚聊かも衰えざる自然力、両者の妥協を意味する文明の変化、就中血と言語との止む能わざる混淆が、著しい影響を与えた部曲組織宗教観念、乃至は芸術様式の島々の特色が、従来曽て見ない強烈なる興味を、諸国の学界に喚び起して、次第に大規模の討査と比較研究とを開始するようになったのは、恰かもこの疲れたる老学者が其生涯の学業を切上げた際であった。是から大に興ろうとする新機運に向っては、彼は只一箇有益なる資料たるに止まり、其計画と希望とには、もう参加することが出来ないのである。況やこの北太平洋の一角に於て、漸く今始まったばかりの若々しい運動、即ち島に生れた者自らが、島と島との生活の連鎖を、昔に溯って考えて見ようとする学問の如きは、仮令それが先生の深く愛した日本であり、且つ先生の感化が暗々裡に、働いて居たことは確かであっても、其悦びを我々と分つことが、最早出来ない迄に弱ってしまわれた。以前先生が名を聞きながら、手を著ける機会を得なかった「おもろ御草紙」は、伊波普猷君などの辛苦に由って、今現代に蘇ろうとして居る。

之を沖縄一島の宝と羨むに止まらず、此の如き信仰帰依、此の如き情緒を、島に家する者の祖先の心裡に、漲り溢れしむるに至った最初の力が、独り血を共にする大八洲の国々のみならず、同じ大海の潮に育まれて、北と南とに吹分けられた、遠い沖の小島の荒えびすの胸にも、尚一様に感じられて居たのでは無いか。之を推究してもらいたいのが引続いての我々の願であるが、久しい孤立に馴らされて小さな陸地を国と名け、渚から外をよそと考えた人々の、離れ離れの生涯の労作が、果していつの世になったら、融け合うて一箇の完成と為るであろうか。斯ういう外国の学者の老境を眺めるにつけても、散漫なる今までのディレッタンティズムの、罪深さを感ぜざるを得なかったのである。

海南小記の如きは、至って小さな咏歎の記録に過ぎない。もし其中に少しの学問があるとすれば、それは幸にして世を同じうする島々の篤学者の、暗示と感化とに出でたものばかりである。南島研究の新しい機運が、一箇旅人の筆を役して、表現したものに他ならぬ。唯自分は旅人であった故に、常に一箇の島の立場からは、この群島の生活を観なかった。僅かの世紀の間に作り上げたる、歴史的差別を標準とはすること無く、南日本の大小遠近の島々に、普遍して居る生活の理法を尋ねて見ようとした。そうして又将来の優れた学者たちが、必ずこの心持を以て、人間の無用なる闘諍を悔い歎き、必ずこの道を歩んで、次第に人種平等の光明世界に、入らんとするだろうと信じて居る。然らば又事業は微小なりと雖、やがて咲き香うべきものの蕾である。歌い舞うべきものの卵である。乃ち新しい民族学の南無菩提の為に、謹んで此書を以て日本の久しい友、ベシル・ホール・チェンバレン先生の、生御魂に供養し奉る。

大正十四年四月八日

柳田国男識

郷土会記録

（『郷土会記録』大岡山書店、大正一四年四月一三日発行）

序

郷土会の創立は明治四十三年の秋であったと思う。郷土会と云う名称は、最初からのもので無かったが、仮にそう呼んで居るうちに、次第に親しい言葉になってしまった。自分の処には第四十回頃までの記録しか存して居らぬが、少くとも大正八年の末までは続いて居た筈である。其八月に大挙して、津久井の内郷村へ研究旅行に出かけたのが、たしか第六十何回かの催しであり、後に又其報告の会があったとも記憶して居る。

新渡戸博士が大戦争の終頃に、外国へ出て行かれたことが、会の中絶した主たる原因であった。と謂うのは博士が其の静かにして清らかな住居を、いつも会の為に提供せられたのみでは無く、又至って注意深く参集者の世話を焼かれたので、誰も彼も少しでも早く、次の会日の来ることを願って居たのが、もうそう云う事が無くなったからである。他の会員の家などで開かれた場合には、とてもあの様な行届いた亭主役は勤められなかった。例えば会の食事なども、いろいろ皆の悦ぶような用意をして置いて、先生は我々が意を安じて食べるように、わざと名ばかりの会費を徴せられた。又成るだけ話がはずむように、色々の珍客を臨時に招いて置いて、至って自然に新しい刺戟を与えられた。此会の幸福だけから言うと、博士が色々他の方面に於ても、大切な人で無い方がよかったのである。

臨時一時の来会者の中にも、忘れてしまってはならぬ人が多かった。其半数ほどは此記録に名が出て居るが、他の半分の人々は来去の年月が不明である。そうしてもう此書物を見ることの出来ぬ世界に、往ってしまった人も少しは有る。過去の生存を考えて見ようとした我々の生存の一部は、亦既に過去になった。一部分なりとも其痕跡を保存して見たいと思う所以である。

大正二年から六年の春まで、自分は一つの雑誌の編纂に与って居た。其の偶然の結果が、此だけの記録の保存であった。只残念なことには、時々の都合で自分の筆記が或は簡約に失し、或ものは稍完全に近く遺って居る。今再び之を校訂するに当って、いろいろ当時の印象の、よみがえって来るものも有るが、固より増補を試みるべき性質のもので無い。又講演が此記録の前後に属し、或は他に理由が有って、全然筆記することの出来なかったものの多いのは、如何にしても不本意な次第であった。

精励なる会員の中には、木村修三君、正木助次郎君、牧口常三郎君、小野武夫君などがあった。三宅驥一博士なども、中途加入以後最も熱心に出席せられた。その人々の名前が、一度も此記録の中に現れて来ぬのは、寧ろ不思議とも謂うべき偶然である。殊に木村君の諏訪の畠作灌漑の話などは、新しい興味ある一研究であった。そう云う類の逸品が、多く逸し去ったのである。拙く且つ誤脱あり得べき自分の此筆記が、決して郷土会の全幅の事業を伝えたもので無いことは、会の面目の為に、繰返して声明して置きたいと思う。

次の頁以下の記文は、悉く皆集会の直後に作成したものである。誤字を正し、些しく体裁を改めた外には、何の変更をも加えて居らぬ。なお若干の地図も、力めて其年代のものを採用して添えて置くことにした。

新渡戸博士が久しぶりに、日本に還られることになって、今ちょうど印度洋の船の中だという新聞を見て、すぐに自分は此記録の編纂に取かかったのであったが、博士の日本滞在があまりに短くして、此本が出来上ったところで今一度、旧郷土会員の集会をしようとした我々の計画は成就しなかった。出板の上はジュネーヴの先生の寓居へ、早速此本を送ろうと思う。

（大正十四年四月）

日本農民史

（『日本農民史』早稲田大学出版部、奥付ナシ［大正一四年九月？］）

序論

諸君の面前には、大きな実際問題が横わって居る。この日本を幸福にする為には、急いで此問題を解決せねばならぬ。そういう必要を見かけて、研究せられる所の日本農民史である。単純な学問上の興味のみを以て、うかうかと深入りすべき時代では無いのである。即ち我々の学問は、此方面に於ては殊に実用的なることを要するのである。

然るに我々の手に在る研究資料は既に多い。文献は豊富以上である。甚だ煩雑に過ぎると謂ってよい。滝本博士の蒐集せられた日本経済叢書は、其半分が所謂地方（ジカタ）の学問なるもので、即ち郡奉行代官及びその手附き役人の経験の記録である。少し探せばまた此に何倍する写本類が地方にあり、今となってはそれが皆、日本の近代農民史料である。我々はこの過多なる資料を、如何に処理してよろしいか。

実際或時代に於ては、農民史が殆ど社会経済史の全部であった。少なくとも大なる唯一つの中心であった。それが新時代に入って来て、農と商工等とは対立的になった。新しい経済の国際組織の中で、調和融合の最も困難な特殊事情は、主として各国各地方の農村生活から起り、此が為に中央地方の政治を、甚だしく複雑不可解ならしめた。此理由から基いて、如何に賢明な先生があっても、外国の書物の受売摸倣は六かしく、又実地の政策を討論せんとする人々にも、達観的な史的研究が、殊に此方面に於て必要になって居るのである。

農民史に関する、日本の著述も、最近十年間に相応の数に上って居る。唯残念なことにはその多くには、最初からの傾向があり、又は限られたる目的がある。例えば地主と小作人との闘諍の如きは、目下興味ある好題目であり、勿論又有益な智識ではあるが、その数百年間の変化を、正当に理解する為には、尚更もっと一般的なる智識の準備を要するわけであるのに、其類の書物の参考として諸君に推薦し得るものの無いのは遺憾である。

農商務省の初期には政府に余力があって、頻りに大日本農史や農政類典の類を編纂して刊行した。多く集められた古来の記録類の中から、肝要な事項を抽き出して年代順に列記したものである。ところが記録は江戸時代を除けば、却って京都の平和であった所謂院政時代から前に多く、源平以後殊に足利期に入ると、殆ど書いたものを残して居らぬ。其為に此類の編纂物は、昔ばかり詳しくて、中世の数百年を一跨ぎに飛越して居る。しかも今日の日本の村生活を築き上げた基礎は、西洋も同様に十七世紀から前の、武家移動の時代にあったので、それを顧みなかった今迄の書物は、研究と称する価値が無いのである。

歴史は我邦に於ては、最も人望ある学問の一つであったが、今迄はこの農民史の方面などは、材料の多い割に一向整頓せられて居なかった。此から其全体の資料を消化して、其要領をぬき出し、之を一般公民の持つべき智識とすることは、精力絶倫なる若い学者の、一生涯の努力を費さねばならぬ。しかも我々に与えられた時間は少ない。諸君は一年に五十時間あまりの講義を以て、日本農民の過去に付き、知るべきことのすべてを知り得べしと予期してはならぬ。又此講師の手料理から、滋養分の全部を摂取し得るものと、思って居る人があったら失望するであろう。自分の義務は単に物の見方と考え方を、諸君に伝授するだけである。問題の大小と種類、之を調査する方法と材料の在り所を話する迄である。つまり引出しの沢山にある簞笥を持って来たわけである。諸君は是から自分で品物を揃え、追々に適当な引出しへ分けて入れたまえ。自分は出来ることならば、その引出しレッテル位は貼ってあげたいと思って居る。

農民史を研究しようとする者の、最初に腹に入れて置くべき要件が二つある。其一つは国柄である。二つには時代の変化である。自分の謂う「国がら」は、国民性と云うような空漠なものでは決して無い。将来どのくらい村の青年がハイカラに為っても、到底脱却することの出来ない環境の拘束である。人間の歴史よりも今一段と古い所の天然の偶然である。例えば国の境界や領土の広さである。それが必ずしも人間の力で決定した所謂政治の結果で無いことは、日本のような島国では殊によく解かる。徳川幕府の鎖国政策が仮に無くても、国民は中々容易に此大海を越えてどしどし外へ出て行こうとはしない。従って世の中が太平になれば、どうしても人口が四海の限内に於て充溢し易く、繁栄が続けば又早く其反動がやって来て、その波瀾の起伏の為に、内部の競争、詩人的の語を用いるなら栄枯盛衰が激烈になる。得た物を守って失うまいとする苦労が、新たに得んとする骨折よりも大きい場合が多い。そうして此事実は既に最も著しく、国の制度にも、はた慣例習性の上にも顕れて居るのである。まるで事情の違った国、例えば米国などの経済史学者の研究の跡を追うて居ただけでは、永く智識の煩悶を続けなければならぬ。是れ我々が自ら共同生活の特色を意識しなければならぬ理由、又古人が歴史を以て人の鏡と名けた理由である。即ち之を以て国の姿をうつして見ようとしたのである。

時の力も予想以上に強く怖ろしいものであった。自然が我々に与えた国柄の如きものでも、いつの間にか少しずつ変って居る。例えば瑞穂の国の根本と認められた土地の豊沃である。今では早大に減退して、世間の何れの国よりも多量の肥料を使って居る。地味の随分悪い所まで田畠に開いてある。単に温度湿度がほぼ以前のままで、土地の力の恢復の速かなるを喜ぶ迄である。是から考えると、所謂国民性を重ずる人々の常に説く国民の剛健又は人情の敦厚と云うことも、昔はそうであったからを理由として、今も安心だとは推論し難いので、現に反対の証拠を見せられたような感じのする場合も少なくはなかった。此の如く我々の最も尊重して居たものでも、やはり時の力を受けて変らぬわけには行かなくなったのである。

但し断る迄も無く、変るということは堕落とは同じで無い。寧ろ反対に多くの場合には、今後大に幸福に又高尚に為るべき見込の有ることを意味して居る。現に今日でも誰が考えても前より善くなったことが幾つもある。子の愛せられることである。多くの人の楽むことである。美しい物の普及したことである。此等を悪い感じを以て迎える者は実際少ない。只之に伴う害悪が無く、更に今一層世の中の為に有益にならんことを希うばかりである。歴史が教える最も実際的な智慧は、民族が進展の可能性を持って居ることである。六かしくいえば国家の理想は、歴史の実験から得た確信が無ければ、之を長養して行くことは出来ないのである。

五十年百年の間の、国民の心意も亦変化して来た。我々は眼前に其変化を見て居るのである。その変った当節の心持に基いて、前代の生活を批判し解説することは、出来る限り避けねばならぬ。頼山陽時代の見識に立脚した外史氏曰くの論、乃至は久米老博士の才智に由って考えられた神代の外交政策の説明の如きは其例であって、全然無用でもあるまいけれども、誤ったる主観的の昔を描いて、他の部面の理解を妨げる危険がある。

歴史派の只の保守派と異なる所は、正しく此の時代の変を解すると否とにある。其世其場合の心持になって、昔を見ようとする態度に在る。つまりは同情である。独り自分の祖先の生活のみで無い。今居る異民族の自分等と全然ちがった境涯なども、己を空しくして見なければ実は解らぬので、又此練習を積んだ上で無いと、実は自分たちの現在の生活も、精確に意識することは出来ぬので、歴史は全く此の如くにして我々の大なる修養であり、又未来を攻究する者の必要なる準備である。若し夫れ不可能なる復古論を唱うる如きは、歴史知識の濫用と言うべきで、保守派としても上乗の部には属しない。真の保守主義はやはり亦、歴史の正しい研究から起って、我々の生活の中で維持しなければならぬ現状は何々であるかを考え、若くは同じ昔風と言っても、過去に於ける不当不必要な改革に由って、中頃以来新に設けられたものを、再び排除するのもやはり一つの保守事業である。又我々が自然の変遷と名けて居るものの中にも、実際はこの同情が足らず注意を怠り忘却をした為に、無意味に破壊し分散したものが無いとは言われぬ。将来に向って此様な異動を防ぐことは、必ずしも保守派で無くても、よく知れば之を心掛けずには居られぬであろう。要するに自然に対する人間の力の研究と云うことが、我々の歴史の学問の一番の眼目であろうと思う。

此講義に於ては、最も問題を簡明にする必要を感ずる。そこで主たる標的を国民生活の未来に置いて此研究を始める。即ち我々日本人の現在の生活の欠点と長処、この二つを誘発した原因は如何。つまりは如何にして日本の農民は、今日のような生活をすることになったのかを、説明し得るように力めて見たい。此方法に向っての一つの便宜は、我邦の社会組織が存外に全国一様であることである。殖民地は勿論旧日本でも、端々に行けば少しずつの変化はあり、又同一地方でも海近くと山の入と、同じ生活は出来ぬと云う差別もあるが、久しい間の国内移住と、殊に最近五十余年の中央集権制の御蔭に、日本人がよくよく入交って、一つの日本風というものがほぼ行渡って居る。どこでも一つの地方の例をとって、考察して見たことが、格別の変更なしに他の地方にも適用せられ得ることが多い。或は生活様式の同化が少し過ぎて居ると言ってもよい位である。米を作る米を食うと云う風は、北海道から樺太、又は満韓の奥までも及ぼうとして居る。これは近年の現象であって、或はそうせぬ方が利益であったかも知れぬが、とにかく此一様さの為に、我々の仕事は余程楽である。村の成立ちでも家の組織でも、或は今少しく四境に適応して、変化があるべきものであったかもしれぬ。遠からず此事実が注意せられるようになったら、同じ農村農家といっても、方面によって相違があり、従って歴史の講究には不便になるかも知れぬ。

幸に今日は此有様である故に、我々はこの単簡な現在の生活状態を観察することから始めて、次々に溯って斯うなって来たわけを考えて見ようと思う。説明の順序としては、第一に村、それから村を作る家、それから家を構成する人のことを考え、其次に人と自然との交渉、人と他の人の群との関係を知る為に、生活技術生活様式の変遷を考え、そうして最後に我々に与えられて居る機会、将に来らんとする歴史、即ち我々の学問の結論の方へ進んで行って見たいと思う。

(『日本農民史』刀江書院、昭和一二年一二月二〇日発行)

改版に際して

この本が予期以上に多くの読者を得た理由は、筆者にもまだ説明することが出来ぬが、仮に自分の都合のよい推測を下すとすれば、所謂史料の取扱い方が、幾分か他の同種の編著よりも、簡略であった為かとも考えられる。現在の経済史学はどちらを向いて見ても、不消化の兆候が可なり著しい。文書記録類の発見が一時に累積して、気永に之を咀嚼する人が追々と少なくなって来たからである。其上に之を書き残して置いてくれたのが、必ずしも今日の滋養を念とした良き料理人では無かった。或は疏明しなければならぬ立場があったり、或は株守すべき利害があったり、さも無い場合にも農民を個々の穀粒の如く、一つの概念として見て居る者ばかり多かった。だからどの位丁寧な解説があろうとも、尚それだけに附いてあるいては、こちらの知りたいと思うことは判りっこは無いのである。私は幸いにして蕩々たる文書の汎濫の来る前に足を洗い遠くからこの怖るべき渦巻の、一通り鎮まるのを待つような地位に居る。昔の出来事についてはほんの大体を知るだけだが、其代りには明かな反証が挙がったら、いつでも改訂をするだけの用意を以て、あらましは見当をつけて自分の行きたいと思う路をあるいて居る。そうして一方には被治者側、即ち個々の農民の経験と選択、乃至はその無意識に踏襲して居る生活様式の中から、又別途の史料を見出そうと努めて居るのである。彼等の判断も必ずしも常に幸福なものでは無かった、もしくは今から振返って見て、斯く来たのが誤りで無かったか。ああ行く機会もあったのでは無いかと、迷う場合は少なくとも幾つかある。その疑惑や悔恨を彼等と共にしたことが、偶然に読者をして、何物かと思い当らしめる結果になったのではあるまいかとも考える。しかも此方法たるや、既に一代の新たなる気運であって、我々の専売でも何でも無い。現に我邦でも多くの元気に充ちた人たちが、もっと適切に且つ念入りに、細かく地方の生活を見て行こうとして居るので、寧ろ私のように簡略な、粗末なものは出す気になれぬことが、暫くまだ此本の需要を繋いで居るのである。白状をすると此本は少しく尻切れとんぼで、小体にまとまった一篇ということは出来ない。

どうかして此後を続けたいと念じつつも、空しく年月を経て居たのを、先ず是だけでも出して置く方が、無いよりはましだろうと勧める人があって、結局斯ういう形のものが世に残ることになったのである。我々の農民史はまだ明確になりきらぬうちに、この書それ自身がもう歴史に化しかかって居る。再びあの当時の感慨に立戻って、全部を書き替えることは自分にも出来なくなった。今はただこの幾つともなき不満の点が刺戟になって、少しでも早く読みよく判り易い次の書物の、現われ出でんことを期するの他は無いのである。

昭和十二年十二月

柳田国男

山の人生

自　序

（『山の人生』郷土研究社第二叢書、郷土研究社、大正一五年一一月一五日発行）

山の人生と題する短い研究を、昨年朝日グラフに連載した時には、一番親切だと思った友人の批評が、面白そうだがよく解らぬというのであった。ああして胡麻かすのだろうという類の酷評も、少しはあったように感じられた。勿論甚だ六かしくして、明晰に書いて見ようも無いのではあったが、若しまだ出さなかった材料を出し、簡略に失した説明を少し詳しくして見たら、あれ程にはあるまいというのが、此書の刊行にあせった真実の動機であった。ところが書いて居るうちに、自分にも一層解釈しにくくなった点が現れたと同時に、二十年も前から考えて居た問題なるにも拘らず、今になって突然として心付くようなことも大分あった。従って此一書の、自分の書斎生活の記念としての価値は少し加わったが、愈以て前に作った荒筋の間々へ、切れ切れの追加をする方法の、不適当であることが顕著になった。併し之を書き改めるが為に費すべき時間は、もう爰には無いのである。其上に資料の新供給を外部の同情者に仰ぐ為にも、一応は此形を以て世に問う必要があるのである。なるほど此本には賛否の意見を学者に求めるだけの、纏まった結論というものは無いかも知れぬが、それでも自分たち一派の主張として、新らしい知識を求めることばかりが学問であることと、之を求める手段には、是まで一向に人に顧みられなかった方面が多々であって、それに今我々が手を著けて居るのだということと、天然の現象の最も大切なる一部分、即ち同胞国民の多数者の数千年間の行為と感想と経験とが、曽て観察し記録し又攻究せられなかったのは不当だと云うことと、今後の社会改造の準備にはそれが痛切に必要であると云うこととは、少なくとも実地を以て之を例証して居る積りである。学問を以て文雅の士の修養とし、乃至は職業捜索の方便と解して怪まなかった人々は、此の所謂小題大做に対して、果して如何なる態度を取るであろうか。それも問題であり又現象である故に、最も精細に観測して見ようと思う。

大正十五年十月

柳田国男

雪国の春

（『雪国の春』岡書院、昭和三年二月一〇日発行）

自序

二十五六年も前から殆ど毎年のように、北か東のどこかの村をあるいて居たが、紀行を残して置きたいと思ったのは、大正九年の夏秋の長い旅だけであった。それを「豆手帖から」と題して東京朝日に連載したのであったが、どうも調子が取りにくいので中程から止めてしまった。

再び取出して読んで見ると、もうおかしい程自分でも忘れて居ることが多い。今一度あの頃の気持になって、考えて見たいと思うようなことが色々ある。最近代史の薄い霞のようなものが、少しでも斯うして中に立ってくれると、何だか隣の園を見る様な懐かしさが生ずる。そこで尚幾つかの雑文を取交えて、斯ういう一巻の冊子を作って見る気になったのである。

身勝手な願と言われるかも知れぬが、私は暖かい南の方の、ちっとも雪国で無い地方の人たちに、此本を読んで貰いたいのである。併し此前の海南小記なども、あまりに濃き緑なる沖の島の話であった為に、却って之を信越奥羽の読書家たちに、推薦する機会が得にくかった。当節は誰でも自分の郷土の問題に執心して、世間が我地方をどう思うかに興味を惹かれるのみならず、他処も大凡此通りと推断して、それなら人の事まで考えるにも及ばぬと、きめて居るのだから致し方が無い。此風がすっかり改まらぬ限り、国の結合は機械的で、知らぬ異国の穿鑿ばかりが、先に立つことは免れ難い。私が北と南と日本の両端の是だけ迄ちがった生活を、二つ並べて見ようとする動機は、其故に決して個人の物ずきでは無いのである。

ただ斯ういう大切な又込入った問題を、気軽な紀行風に取扱ったということは批難があろうが、どんなに書斎の中の仕事にして見たくても、此方面には本というものが乏しく、たまには有っても高い処から見たようなものばかりである。だから自分たちは出でて実験に就いたので、それが不幸にして空想のように聴えるならば、全く文章が未熟な為か、若くは日本の文章が、まだ此類の著作には適しない為である。これ以上は同情ある読者の思いやりに任せるの他は無い。

昭和三年一月

青年と学問

（『青年と学問』日本青年館、昭和三年四月二八日発行）

小序

近頃そちこちで試みた談話の中から、やや見当の似寄ったものを集めて試みに斯ういう体裁に並べて見た。ところどころ重複した箇所があるけれども、今それを削って居ると余り元の形に遠くなるから、その点は読者に我慢をしてもらうより他は無い。

日本の講演も早くラジオと同じ様に、三十分間で目的を達することにしたいものだと思う。そうすれば必ずもっと有力な、印象の深い教訓が得られるに相違ない。併し今日の講演の長たらしいのは、所謂下手の長談義の為ばかりでは無い。聴衆の方でも今日は緩りと御話をなどと謂い、又短かい話を物足らぬ様に感ずる風がある上に、前以て少しも準備が無く、中には理解の為に骨折ることを厭うて、寧ろ有りふれた事を面白く説く者を、歓迎せんとする傾きさえあるのである。是では兎に角大切な時間のむだだと思う。そんな事をして居ると、後には或は講演も円本の如く、同じ話を方々に持廻るようになるかも知れない。私だけは是でも出来る限り、話商売になってしまわぬ用心をして居る。殊に近年は必ず手控を作って、一度々々別の話をすることにして居るので、それが棄てられない為に斯ういう記念の小冊子を遺そうという気にもなったのである。

此話の中にも出て来る英国のリバース博士は、死後に友人たちが其遺著を整理した時に、曽て印刷にしたことの無い原稿が一つだけ出て来た。それは先生が方々に頼まれて、幾度かして聴かせた講演の手控であった。それが簡明で親切で又巧みに要領を尽して居たので、まだ何回でも使う積りで、わざと公表をさせなかったものだろうと言って居る。若しそういう結構な草稿が私にもあったら、或は斯んな書物は出さずに済んだかも知れぬが、不幸にして自分たちの学問は、いつ迄たっても改良と訂正とが必要である。之を印刷に付するのは此儘信用せられんが為で無く、寧ろ自分も読者諸君と共に後日虚心平気にもう一度之を批評せんが為である。

昭和三年三月

著者識

(『郷土研究十講』日本青年館、昭和六年一二月二〇日発行)

再版に際して

最近郷土研究ということは、非常に旺んになって来た。たしかに結構なことである。

一体私の「青年と学問」とは、郷土研究に関しての、私の論述で、郷土研究ということが旺んになればなる程、研究者の間に、汎く読まれて欲しいと希望している。
今度再版に際して、体裁をかえて、内容にふさわしく改めたいという、出版元の希望を容れて承諾した。御諒承を乞う。

昭和六年十二月

柳田国男

都市と農村

自　序

（『都市と農村』朝日常識講座第六巻、朝日新聞社、昭和四年三月一日発行）

都市対農村の問題には、二つ以上の解答が有ってはならぬ。それが唯一つに帰著してしまう迄は、絶えず国民の判断は働かねばならぬのであるが、今までは兎角何れかの一側面から、之を考察して見ようとする人ばかり多かった。相手が容易には承認せぬような、一方の同志者だけは一も二も無く賛同するような弁証法を以て、仮の断案に急ごうとして居た為に、未だ結果の得失をも究めて見ぬうちに、早くも問題は政治化する傾向を示したのである。

朝日常識講座が新聞の声望と、同僚諸賢の努力とに由って、弘く全国の都市と農村、あらゆる年齢と職業とを通じて、多数の読者を得たということは幸福なる機会である。私は特に新説を提出して、世論を聳動しようという野心はもたないが、少なくとも此機会を以て村の人と、町に出て居る人とが協力して、共にこの一つの題目を討究するの気風を、喚起したいと願う者である。

種々なる新しい疑惑と要求とが、都市に対してはまだ不必要に差控えられて居る。将来の最も安全なる生活方法を決定する為に、此遠慮だけは早く撤回する方がよいと私は思う。しかも隔意無き交通を開くべき準備としては、現在の同情はまだ少しばかり不足であるかも知れぬ。それと同様に相互の立場、以前の行掛りを理解する方法が無かったら、所謂批判の自由はただ徒らに頑冥の角突合の別名となるかも知れぬ。それ故に自分は特に日本の都市が、もと農民の従兄弟に由って、作られたことを力説したのである。

農民が自己の力を意識せぬことも、年久しい流弊の一つであった。国が新たに彼等の発奮に期待すべき今日の世に際して、最も激励忠言の適任に在る者が、黙して無益なる悲観の哀音に耳を傾けて居たことは、親類としては如何にも親切の無い話であった。ところが幸いなことには、茲に私という者が一人、今の都市人の最も普通の型、都市に永く住みながら都市人にもなり切れず、村を少年の日の如く愛慕しつつ、しかも現在の利害から立離れて、二者の葛藤を観望するの境遇に置かれて居たのである。私の常識は恐らくは多数を代表する。仮に偶然にまだ冷淡な人たちでも、段々考えて来れば斯ういう心持に、やがて一致することが出来るであろう。乃ち此自信が特に私をして、最も率直に語らしめたのであった。

或は此書物の中に、故意に異を立て奇を好んだ様な議論が、有りはしないかということを一応は調べて見た。併し自分に取ってはどれも是も平凡な事ばかりであった。つまりは予て斯ういう事を考えて居た故に、書いて見ると斯んな本に為った迄である。尤もそれにしては説き方が甚だ巧者で無い。近頃暫らくの間、人と此問題を談ずる折が無かったので、妙に気が改まって伸び伸びとした話が出来なかったのである。それに紙数の制限もあって、多くの事実を引用せず、しても説明が満足で無かった為に、若しや独断では無いかという不安を、読者に抱かせたことは本意に反する。実際は此本の中に出て来る程の事実で、著者しか知らなかったというものは一つも無い。それが省みられなかったのは今迄の学風の不備である。私は他日此点に関して、別に『野の言葉』という一著を以て、細説し且つ証明したいと思って居る。

昭和四年二月

柳田国男

日本神話伝説集

はしがき

(『日本神話伝説集』日本児童文庫、アルス、昭和四年五月三日発行)

伝説と昔話とはどう違うか。それに答えるならば、昔話は動物の如《ごと》く、伝説は植物のようなものであります。昔話は方々を飛びあるくから、どこに行っても同じ姿を見かけることが出来ますが、伝説はある一つの土地に根を生やしていて、そうして常に成長して行くのであります。雀《すずめ》や頬白《ほおじろ》は皆同じ顔をしていますが、梅や椿《つばき》は一本一本に枝振りが変っているので、見覚えがあります。可愛《かわい》い昔話の小鳥は、多くは伝説の森、草叢《くさむら》の中で巣立ちますが、同時に香りの高いいろいろの伝説の種子や花粉を、遠くまで運んでいるのもかれ等《ら》であります。自然を愛する人たちは、常にこの二つの種類の昔の、配合と調和とを面白がりますが、学問はこれを二つに分けて、考えて見ようとするのが始めであります。

諸君の村の広場や学校の庭が、今は空地《くうち》になって、なんの伝説の花も咲いていないということを、悲しむことは不必要であります。元はそこにも、さまざまのいい伝えが、茂り栄えていたことがありました。そうして同じ日本の一つの島の中であるからには、形は少しずつ違っても、やっぱりこれと同じ種類の植物しか、生えていなかったことも確であります。私はその標本のただ二つ三つを、集めて来て諸君に見せるのであります。

植物にはそれを養うて大きく強くする力が、隠れてこの国の土と水と、日の光との中にあるのであります。歴史はちょうどこれを利用して、栽培する植物のようなものです。歴史の耕地が整《せい》頓《とん》して行けば、伝説の野山の狭くなるのも当り前であります。しかも日本の家の数は千五百万、家々の昔は三千年もあって、まだその片端のほんの少しだけが、歴史に開かれているのでありま す。それ故に春は野に行き、藪《やぶ》にはいって、木の芽や草の花の名を問うような心持ちをもって、散らばっている伝説を比べて見るようにしなければなりません。

しかし、小さな人たちは、ただ面白い御話《おはなし》のところだけを読んで御置きになったらいいでしょう。これが伝説の一つの木の中で、ちょうど昔話の小鳥が来てとまる枝のようなものでありま す。私は地方の伝説をなるだけ有名にするために、詳しく土地の名を書いて置きました。そうして皆さんが後に今一度読んで見られるように、少しばかりの説明を加えて置きました。

昭和四年の春

著　者

再び世に送る言葉

（『日本の伝説』三国書房、昭和一五年一二月二〇日発行）

日本《にっぽん》は伝説の驚くほど多い国であります。以前はそれをよく覚えていて、話して聴かせようとする人がどの土地にも、五人も十人も有りました。ただ近頃《ちかごろ》は他に色々の新に考えなければならぬことが始まって、よろこんで斯《こ》ういう話を聴く者が少なくなった為《ため》に、次第に思い出す折が無く、忘れたりまちがえたりして行《ゆ》くのであります。私《わたし》はそれを惜むの余り、先《ま》ず読書のすきな若い人たちの為に、この本を書いて見ました。伝説は斯ういうもの、こんな風にして昔から、伝わって居たものということを、この本を読んで始めて知ったと、言って来てくれた人も幾人かあります。

日本に伝説の数が其様《そのよう》に多いのなら、もっと後から後から別な話を、書いて行ったらどうかと勧めて下さる方もありますが、それが私には中々出来ないのです。同じような言い伝えを、ただ沢山に並べて見ただけでは、面白い読みものにはなりにくい上に、わけをきかれた場合にそれに答える用意が、私にはまだとのわぬからであります。一つの伝説が日本国中、そこにもここにも散らばって居て、皆自分のところでは本当にあった事のように思って居るというのは、全く不思議な又面白いことで、何か是《これ》には隠れた理由があるのですが、それが実はまだ明かになって居らぬのです。私と同様に何とかして之《これ》を知ろうとする人が、続いて何人も出て来て勉強しなければなりません。その学問上の好奇心を植えつける為には、よっぽどかわった珍らしい話題を、掲げて置く必要があるので、そういう話題がちょっと得にくいのであります。白米城《はくまいじょう》の話というのを、今私は整理しかかって居ります。十三塚の伝説も遠からずまとめて見たいと思って居りますが、斯ういうのが果して若い読者たちの、熱心な疑いを誘うことが出来るかどうか。とにかくにこの本の中に書いたような単純でしかも色彩の鮮かな話は、そう多くはないのであります。

最近に私は「伝説」という小さな本を又一つ書きました。これは主として理論の方面から、日本に伝説の栄え成長した路筋《みちすじ》を考えて見ようとしたものですが、曽《かつ》て若い頃にこの「日本の伝説」を読んで、半分でも三分の一でも記憶して居て下さる人であったら、興味は恐らくやや深められたことと思います。それにつけてもこの第一の本が、今少しく平易に又力強く、事実を読む人の心に残して行くことの出来る文章だったらよかろうにと、考えずには居られません。それ故に今度は友人たちと相談をして、又よほど話し方を変えて見ました。日本の文章は、一般にやや耳馴《な》れないむつかしい言葉を今までは使い過ぎたようであります。伝説などの如《ごと》く久しい間、口の言葉でばかり伝わって居たものにはどうしても別の書き現わし方が入用《いりよう》かと思いますが、その用意もまだ私には欠けて居たのであります。新にこの本を見る諸君に、その点も合せて注意していただかなければなりません。

昭和十五年十一月

柳田国男

日本昔話集

はしがき

（『日本昔話集（上）』日本児童文庫、アルス、昭和五年三月二〇日発行）

皆さん。この日本昔話集《にっぽんむかしばなししゅう》の中《うち》に、あなた方が前に一度、御聴きになった話が幾つかあっても、それは少しも不思議なことではありません。なぜかというと、日本昔話は、昔から代々の日本児童が、常に聴いていた御話のことだからであります。

この昔話の大部分は、今でも日本のどこかの隅で、どこかの家《うち》の小さな人たちが、聴いている話であります。けれども皆さんが一人で知って御いでになる話は、そうたくさんはないだろうと思います。それは御話をする人が忙がしくなって、もうそうはゆっくりと色々の話をしていられないからであります。だから若《も》しこの本にある話の三分の一、四分の一だけでも、一人で知っている児童があったとすれば、それは其子《その》の家に、よっぽど話の好きな又上手な、そうして物覚えのよいお祖母《ばあ》さんかお祖父《じい》さん、又はお母さん姉さん叔母さんなどの、子供の心持ちのよく解る人があった為《ため》で、そういう御家は昔からそうたくさんにはありません。もう一度思い出してよく御礼をいう方がいいのです。

次にこの昔話集に書いてある昔話と、自分の覚えている家の御話と、人の名や土地の名、道具や鳥獣《とりけもの》、歌や言葉、又は事がらの後先などの違っていることがあっても、それも格別不思議なことではないのです。どちらか一方がうそだろうと思ったり、又は自分の記憶が誤まっているように、思ったりするには及びません。昔話というものは最初から、ほんの僅《わず》かな人で一しょに聴き、又其中でも一人か二人かが、それを後から生れて来る者に、話して聴かせることが出来たのであります。作りごとをする必要が少しもないと共に、知らずに間違えていても、それを直してくれる者はいませんでした。永い年月の間には、村により又家庭によって、少しずつ変って来るのはあたりまえのことであります。同じ一つの御話でも、何度も何度も覚えたり思い出したりしているうちには、自然に面白いと思うところが動いて行くのです。そうしてその面白いところだけが、特別に詳しく話されるようになって、他の残りの部分がおいおいに取れたり、落ちたり壊れたりするのであります。

私は日本の昔話を、この小さな一冊の本に集める為に、少しでも変った珍らしいものを探そうとはしませんでした。それよりも、なるだけ全国の多くの児童が、聴いて知っているだろうと思うものを拾いました。少なくとも日本国内の遠く離れた二箇所三箇所で、御互いに知らずに話しているようなのを、選んで見ようとしたのであります。ただしそういう幾つかある話の中では、殊に一番昔話らしいもの、即《すなわ》ち古い形のちっとでも多く残っているものを採るようにいたしました。それから新らしい形の最もよく整ったものを、四つか五つか其中に加えて置きました。これが日本の昔話の両端であります。多分誰《だれ》が見てもこの古いと新らしいとの区別は、すぐに分るであろうと思います。

何よりも私の愉快に思ったのは、日本全国の何億万人という昔からの子供が、この同じ話を聴いて育って来たということであります。それから今でもまだ其話を知っている人の少なくないということであります。それが此本《この》を読んでいると段々にわかるのであります。又面白いことは、まるで同じかと思っている話が、いつの間にか少しはちがっていることであります。どこがどう違うかは読んで見ればすぐに気が付くでしょう。どうしてこんなに違って来たか皆さんは大きくなってから、もう一度考えて御覧なさい。

昭和五年二月

柳田国男

(『日本の昔話』三国書房、昭和一六年九月二五日発行)

新訂版の始めに

ちょうど此本《この》が始めて世に出た頃《ころ》から、我邦《わがくに》の昔話蒐集《しゅうしゅう》事業は急に活気づいて来ました。今まで一向に斯《こ》ういうものの有ることを聴かなかった地方から、曽て一度も文字の形になって、人に読まれたことの無い昔話が、幾つともなく報告せられました。日本が特別にたくさんの説話を保存して居る国だったということと、人が説話を愛する趣味の遺伝は、そうたやすく中断せられるもので無いということが、是《これ》に依《よ》って証明せられたのであります。私たちは無論この好機会を遁《の》がさぬように努めました。会をこしらえて全国の同志者の協力を求め、昔話研究の雑誌を出し、又一冊に纏《まと》まるほどの昔話集は、出来るだけ出版して世に伝えようとしました。しかし世の中の好みが斯ういう風に向いて来なかったら、我々の熱心も実は持って行きどころが無かったので、折角出して置いたこの「日本《にほん》の昔話」も、或《あるい》はこの様にまで弘《ひろ》く読まれずにしまったかも知れません。

改めて著者が皆様に言うことの出来るのは、この中に載せてある昔話の大部分は、何《いず》れも日本国の隅々に於《おい》て、お互いに他の土地にも有るということを知らずに、ほんの少しずつのちがいを以《もっ》て、各々《おのおの》その先祖から聴き伝え、記憶し伝えて居たものだったということであります。東北地方の話が此本には多いけれども、あちらにだけあって他には無いというものが、もう今日では殆《ほとん》と一つも無いという実状であります。今や安心して我々は、是を日本国の昔話だということが出来るのであります。今まで聴かなかったのは忘れて居た為《ため》であって、決して自分の土地に昔から、伝わって居なかったからではないということが、今ならばほぼ確かに言えるのであります。ただ永《なが》い年月《としつき》の間には、同じ一つの昔話が土地により家によって、幾分の変化を受けて居《お》ります。元は一つであったということは容易に認められても、そのちがったもののどちらの方が前か、それが又どういう事情で語りかえられたかということは、そう手短かにはきめることが出来ません。そうして其点《そのてん》が又昔話研究の、最も興味の多い部分なのであります。各地の採訪《さいほう》には是からも大いに骨を折らなければなりませんが、それには又斯うした一つの見本帳のような書物が、弘く読まれて居るということは、非常に好都合なのであります。

或は新たにもう一つ、全国を代表した標準昔話集のようなものを、出して置く方がよいとも思いますが、今となってはそれを選《よ》り出すことが却《かえ》って困難なのみならず、この一冊の中にも其方に加えてよいものが幾つか有るので、之《これ》をばらばらにほぐしてしまうのが惜しいのであります。この「日本の昔話」は、年の若い人たちにも読んでもらおうと思って、成るだけ筋の込入らない、さっぱりとした話を拾いました。その方針を続けて行くとすると、結局はあまり色々な新らしいものを加えられませんから、まだ当分のうちはこの形のままで置くことにします。之を何度も読んでから後に、もう少し昔話のちがったものを知りたいという人々の為には、新たに計画を立てて、別に詳しい比較をした書物を、出して置きたいと思って居ります。我々の仲間では数年以前、「昔話採集手帳」という小冊子を作って、是から昔話を集めて見ようという人たちに分配しました。昔話というべきものの範囲、その中でも日本に最も普通なのはどういう昔話かということを、実例によって説明して置きました。それを標準にするとこの本の中には、やや異なったものが七つ八つまじって居ります。「乞食《こじき》の金」とか「拾い過ぎ」とか「山賊の弟」とかいうのがそれでありまして、つまりは古くから伝わった昔話に、何人かが加工して実話の形にしたもので、読みものの興味を添える為に入れましたが、是は我々の研究して居《お》る昔話の外《ほか》であります。強いて分界を明かにする必要も無いと私は思いました。目的は全く古くから伝わった説話には、聴いて面白いものが多いということを、若い人たちに知らせる為だったからであります。

昭和十六年八月

柳田国男

昭和三十五年版の序

（『改訂版 日本の昔話』角川文庫、昭和三五年五月一〇日発行）

久しく国内の若い人たちに愛読せられ、今でもまだちっとも人気の衰えていない『日本の昔話』を、今度のように大規模に改定するということは、実は容易の事業ではなかったのだが、それを承知してもなお実現させたいと、私が念じていたのも永いことであった。年をとってからの世情の激変、これに対処しようと試みたさまざまの苦悶の中から、今に今にと心にはかかりつつも、ついこの問題だけはそっとして置く場合が多かったのである。その上になお一つ、今までの同志の中にも、特にこの方向に心を傾けていた者が少なく、または自由にその進路を改める者もあって、新たにこの方面の労作を共にしようという人は得にくかった。だから結局は多くの先進者と共に、ただこの素志の存在と、もしも幸いにそれが実現したならば、これこれの功績を挙げたろうに、という類の予測をもって終ったかもしれない。ところが『日本の昔話』に取って、幸運なことには、丸山・石原の二人の女性が、自分たちも時代の災厄をしたたかに体験しつつも、終始一貫して心をこの問題に傾けられた。しかも老翁の心弱さ、ある時はもう絶望して、昔話の整頓まではとても力が及ばない。これは女性にでもまかせて置くがよいのだと、憎らしいことをいって見たり、しかも稀々にはまた思い返して、今の状態でもし自然の変動にまかせて置くと、せっかく永い年代にかけて、世界の全面に拡張し、しかも経路なり変遷なりが跡づけられる文字以前からの「かたりごと」が、粉々になって散乱してしまうのになア、などと愚痴をこぼして萎れている日もある。この笑ってもよい両面の立場を、女性だけに多分によく理解して、今度は勇気を出してこの難事業を引受けてくれることになったものであろう。今度の改訂版は勿論終局ではない。できるものならばもっと同志を育てて、日本を一つの研究中心にする所まで進ませてみたい。

小さな本に大きな序文は滑稽だが、ついでに読んでもらいたい人が多くいるから、もう少し書いて置きたい。『日本の昔話』が始めて世に出たのはざっと三十年の昔であって、私の学問もそれからやや進んだし、一方にはまた昔話の採集量も大分増加し、もとは本島の北端だけといってもよかったのが、このごろは県市郡のほぼ半分、南は奄美諸島から琉球先島までも伸びている。もちろんその中には詳しいもの略なもの、元の話に忠実な記述、多少は忘れたのや補ったものもまじっているが、もうこれだけあれば大体にある土地だけにあって他では一つも採集せられておらぬものなどは無い。稀にもしあれば珍しい残留で、特に注意をしていると、遠く離れた土地から思いがけず類型を見付けられる楽しみもあり、またにせもの、こしらえものとの見分けは格別むつかしくない。

昔話のハナシという日本語は、たしかにいつからという証明はないが、少なくとも中古以前の文献には見えず、東北方面では今でもカタルをもってこれを表出しているようで、たぶんは今昔などの例の如く、日常の談話もモノガタリであったのが、それを物々しい語りに限るようになって、次第にハナシという語の用途を必要にしたのであろう。無端事だからハナシだという解などはちっとも信用するに足らぬが、今でも中部以西ではまだ動詞としては使わぬのが普通になっている。考えてみると他の一方の昔話とても、必ずこれを用いたのには意味があったろう。南島の古い神歌にも、しばしば「むかしからけさしから」という対句があって、現在でないことのみは明らかで、時は少しも確立していない。すなわちわれわれの現在というものからは遠くまたは近く、時の繋がりは説くことのできぬ場合で、それを計量のできぬ過去に置こうとしたのが恐らくは最初からの用法であった。今の世の文芸の習慣とはちがうか知らぬが、求めて捕われない境涯に身を置いて、夢見ようとしたものと私は見ている。それで西洋の幾つもの国で、民話または民間説話と訳してもよい名を使い出しても、おつきあいにその迹を追う気にはならない。いわゆる昔話を数多く聴いて覚えて、孫子や若い者に一度はして聴かせようと思っている老人には通じようがない。ミンワとは何ですかと問うような人たちが、実は日本のもとの形のものを知り、またう、そをつかないでそのまま次の代に伝えようとしている。ミンヨウ（民謡）の方だって同じだといわれそうだが、これは文学と同じに真似の上手な若い人が早く覚え、すぐ取次いだり改造するからそうは困らない。われわれの大事な昔話は、もう覚えている人が少なく、この戦乱の間にぐっと減ってしまった。そんなにまで骨を折って、辛うじて村々の隅に残ったものを、無くしてしまわずともよいじゃないか。

今ごろそのようなことをいってももう遅いと、あきらめきっている人はすでに多かろうが、これでもわれわれは少しは働いているのである。ただこの一巻の『日本の昔話』だけが、三十年前のまだ採集の進まなかった時代にこしらえたままであるために、少しく不本意な点が認められるのである。いよいよ種切れになった区域、たとえば小さな島々で若い人たちは急いで外に出で、帰って来たころには話ずきの年寄も世を去って、誰に尋ねようもないところとか、工場や町中の忙しい人ばかり住む区域で、言葉が入交り人の気持がわかりにくく、またそんな世話まではする者が無いという場合は多かろうが、言われて膝を打つまでの人はともかく、にこりとするぐらいの理解者は相応にあると思う。私の思い出の一つは昭和十一年の秋、昔話の採集手帖というものを千部以上こしらえて、これをなるべく分散した地域の小学校に配布してみた。世上によく知られた昔話百種のあらすじを印刷して、その各々の後に若干の白紙を添えて記入に供え、巻頭にはできるだけ簡明に採集者の参考になることを書いた。その手帖による採集の結果を見せて下さるなら、返却する時にまた一部進上します、という意味の手紙を添えた。それに対しては一冊も

「はいできました」といっては来なかったが、礼状や受取は多く届き、またその前後よくこれを見た人の消息を受取った。栃木県などはいろいろゆかしい昔話のある地方だが、むしろ完成を期してか、またはただ多忙でか、手帖を返してくれた人はなかった。今ではもう名も覚えぬが、ある山村の校長さんは、家に帰ってから母や妻子と共に炉端でこの手帖を読んで聴かせたことを告げて来た。一時は炉端がしんとして、女たちは大息をついた。そんな話まで聴こうとする人が東京にもあるのかといいましたと書いてよこした。私は当時その手紙を若い人たちに見せて、少し間を置いて行ってみるようにすすめたが、多分はそれっきりになったものと思う。今から考えるとこれもせっかちな方法であった。たとえ全部でなくともせめて三分の一くらいは書かないと、へいできましたと返して来るわけがない。これはあまりにも事務的な、アメリカ人みたいな計画だったと思う。

それは当り前だよ、そんな計画なんかに乗って来る者が、今時あるものかと批評した人もあったが、今日とはその「今時」が少しちがっていたようである。この手帖よりは数年前、『旅と伝説』というよく売れた雑誌に、二回にわたって昔話の特集号を出してもらって、全国の読者からその土地の昔話を募集して見た。その応募者には若干の知人もまじっていて、とにかく一冊の大部分を占めるほどの寄稿が得られ、まだたくさんの不適当なものを残した。昭和六年の第四巻の四号には、「昔話採集の栞」という文を添えて、それが本になって今残っているが、この時はこれという意外な経験もなく、むしろ新たなる地方学者の熱意を高め得たと思う。それから三年目の昭和九年十二月号の方には、応募者に新人の顔ぶれもあった代りに、ちっとも採集でない新作品で、しかも共産主義の教育を念じた民話もまじっていた。かねて風説としては聴いていたが、あるいはその方式には系統があって、こちらにも早すでに入って来たのかと、測らずも大切な経験を得たことであった。文芸にこの程度の活用があっても、それは各人の自由であろうが、われわれの目的はどこまでも史学の探究であるから、昔話を知りたいという者に、虚偽の事柄を教えようとするのは、よくないことだと警戒することにした。そうしてごく近ごろになるまで、こういう文学作品ともいえぬような、目的ある作り話を提供する者が、民話の名をもって流布する場合があったらしいのである。主義や政策を別として、これを民話と呼ぶことは文字の用法にも反する。こういう侵害を警戒するためだけにも、自分らだけは民話という名を避けようとしている。日本の村人たちには、そういう紛らわしい言葉は用いさせたくない理由である。

話が思いの外長たらしくなったが最後にもう二つ、報告して置かねばならぬ事実がある。その一つは私の計画していた『昔話研究』という小さな雑誌、これは昭和十年の五月から丸一年は、『旅と伝説』が引受けて出してくれたが、それから後の一年あまりは、継承した某書院が新店で力が弱く、その雑誌も第二年度までで終ってしまった。私たちの事業は心軽く思い立って、やがてはまた頓挫し、これぞという成果も収め得なかったに反して、一方の『旅と伝説』などは、業主の萩原正徳君が純情に国を懐い故郷の奄美の島々を愛し続けた故に、内外に多くの友人を得て、昭和三年の初頭から同十八年の終り近くまで、休まずに雑誌を出しつづけて、幾つとなき未知の領域を開拓して来た。学士院の中村清二先生を始めとし、思いがけない学者方がごく自由な心持をもって、自分の旅や感想を書いていられる。私の如きもちっとは押売の嫌いはあるけれども、余裕があれば進んで彼の雑誌のために書き、それが次々とたまって、何冊かの本の分量になっている。それよりも奄美諸島、更に沖縄出身の学徒までが、機会あるごとに故郷の島を談じ、その中には喜界島の岩倉市郎君の如き、優れたる学徒が世に現われ、もはや新たには作れないいろいろの記録を世に留める因縁を結んでいる。私の昔話研究などは中途半端であるが、なんでもかんでも南北をあわせ考え、これから生れ出る空想を楽しむ癖があるのも、ありようは多くは『旅と伝説』に暗示を受けて、次々と南島の民間伝承、特に島々の昔話を捜しまわったお陰であった。実は私がこの序文の中で説こうと思っていた灰坊太郎の話においても、私が最初特に印象を受けたのは沖永良部島の例であった。これは継子の娘が竈の前にばかり置かれたからシンドレラと呼ばれたのと、日を同じくして語るべき昔話であった。日本の若い人たちはシンドレラの美しさを説こうとするが、これがわが国の米ぶくろ粟ぶくろと同じ話だということはまだ知らず、われわれの珍重するミス・コックスの大冊は知っている人でも、支那では西暦九世紀に世に出た『酉陽雑俎』の中に、すでに同じ話が載せられていることを、まだ心づかぬ人ばかりが多いかと思う。われわれのこれから明らかにして行きたいことは、単にこういう昔話の一致ということだけではない。それよりもまず目の前のことを問題として、どうして遠い異国の端々に同じような話がちがう言葉をもって語り伝えられているかを考えなければならぬ。外国人に相談しただけでは、いつか宣教師が来たときに教えて行ったのだろうということになるかもしれない。やっぱり辛抱して近隣の老人の話を聴いて見ることを私は勧めるのだが、話がこうくどくては、この老人はまず落第であろうか。

昭和三十五年四月

柳田国男

蝸牛考

（『蝸牛考』刀江書院、昭和五年七月一〇日発行）

小序

前年東条氏の試みられた静岡県各村の方言調べ、又は近頃岡山県に於て、島村知章君佐藤清明君等の集めて居られる動植物名彙などを見ると、言葉が相隣する村と村との間にも、尚著しい異同を示す例が、日本では決して珍しくないということがわかる。府県を一つの採集区域とした方言集が、よほど気を付けぬと正確を保ち得ないのは勿論、親切なる各郡々誌の記述でさえも、果して能く隅々の変化までを代表して居るかどうか。時としては稍心もと無い場合がある。我邦が世界の何れの部分にも越えて、殊に言語の調査を綿密にする必要があり、又大いなる価値があると思う理由は、独り人口の夙に溢れただよい、土著の順序が甚だしく入組んで居るというだけでは無い。海には何百という小島が、古い新らしい色々の村を形づくり、一方には又小国五箇山中津川という類の奥在所が、嶺に取囲まれて幾つと無く、異なる故郷の人を定住せしめて居るのである。岬の端々に孤立する多くの部落などは、今まで何人も心付かなかったけれども、実際はこの島と山里と、二つの生活の特質を兼ね備えて居るのであった。そういう土地の方言報告は、遅れて到達するにきまって居る。故に若し国語の調査を周到ならしめんとすれば、進んで我々の方から指定しなければならぬ区域が実は、日本には非常に多かったのである。

　それが今日まではまだ一つとして指定せられたものが無い。方言採録の事業は既に過去四十年に亘り、其編述も亦数百の多きを見たけれども、尚我々の資料が貧弱の感を免れないのは、言わば有用なるものが余りに豊富なる為であった。私は自身数年の実験によって、誰よりも痛切にこの不備を認めて居る。従って言語誌叢刊の将来の収穫に向って、最も大いなる期待を繋けて居る。それがこの現在の乏しい智識を基にして帰納の方法を試みようとすることは、或は自己の危険を省みざる所業であろう。併し新たなる次の発見の為に、覆えるかも知れぬのは粗忽なる私の仮定であって、私が処理し整頓して置いた事実ばかりは、たとえ追々に其重みを加えぬまでも、兎に角にそれ自身の意義を失うことは無いと信ずる。此方法は今後の資料の累積と比例して、歩一歩完成の域に進むべき希望あるのであるが、仮に不幸にして尚当分の間、日本の採集事業が今の状態に放置されることになろうとも、少なくとも各地に散在する同志の人々を、糾合し又慰留するの効果だけはある。我々は所謂方言の理論、方言が国語の真実を闡明する為に、如何に大切であるかを既に聴き知って居る。それが一二の進んだ国に於て、最近どれ程の成績を挙げたかということも、頼めば講説してくれる人が必ず有るであろう。独り欠けて居るかと思うのは学問の興味、斯ういう切れ切れの小さな事実を集めて行くことが、末にはどういう風に世の中の智慧となるか。

それを眼の前の生活に就いて例示することであった。是にも方式があり又準備が無ければならぬが、私には徒然草の説教僧のように、乗馬の稽古の為に費すべき若い日が無いので、其支度の調うのを待ちきれずに、忍んでこの未熟の初物を摘み来って、やがて大きな御馳走の出るまでの、話の種にしようとするのである。我々俗衆の学問に対する手前勝手な要求は、第一には之に由って怡楽を得、又安息を得んとすることである。それには万人の幼なき日の友であり、気軽で物静かで又沢山の歌を知って居るデデムシなどが、ちょうど似合わしい題目では無かったかと思う。

我々は田舎の生活に遠ざかって居る為に、既に久しい間この虫が角を立てて、遊んであるく様子を見たことが無い。其進歩の痕の幽かなる銀色をしたものが、眼に付くことも段々に稀である。都府の庭園が日照り耀いて、余りに潤いの足らぬということも、蝸牛の静かなる逍遥を妨げて居るか知らぬが、一つには我々の心があわただしく、常に物影の動きを省みようとしなかった故に、是も多くの過ぎ行くものと同じく、知らぬ間に無くてもよいものになってしまったのである。我々はこの小さな自然の存在の為、もう一度以前の注意と愛情とを蘇らせ、之に由って新たなる繁栄を現実にして見たいと思う。所謂蝸牛角上の争闘は、物知らぬ人たちの外部の空想であった。彼等の角の先にあるものは眼であった。角を出さなければ前途を見ることも出来ず、従って亦進み栄えることが出来なかったのである。昔我々が角出よ出よと囃して居たのは、即ちその祈念であり又待望でもあった。角は出すべきものである。そうして学問が又是とよく似て居る。

かたつむりやや其殻を立ち出でよあたらつのつのめづる子のため

昭和五年六月初六

柳田国男

(『蝸牛考』創元社、昭和一八年二月二五日発行)

改訂版の序

方言覚書を、一冊の本にした機会に、暫らく絶版になって居た蝸牛考を、今一度世に問うて見ようという気になった。説明が拙なかったと思う個所に少しく手を入れ、又附表の地図を罷めて、やや排列の形式を変えて見た。その為に意外に時日がかかったが、もう是でよろしいとまでは言うことが出来ない。或は幾分か前よりは判り易くなって居ると思うがどんなものであろうか。本の内容と共に、新たなる読者の腹蔵無き批判を受けて見たい。

国語の改良は古今ともに、先ず文化の中心に於て起るのが普通である。故にそこでは既に変化し、又は次に生れて居る単語なり物の言い方なりが、遠い村里にはまだ波及せず、久しく元のまで居る場合は幾らでも有り得る。その同じ過程が何回と無く繰返されて行くうちには、自然に其周辺には距離に応じて、段々の輪のようなものが出来るだろうということは、至って尋常の推理であり、又眼の前の現実にも合して居て、発見などという程の物々しい法則でも何んでも無い。私は単に方言という顕著なる文化現象が、大体に是で説明し得られるということを、注意して見たに過ぎぬのである。この国語変化の傾向は、我邦に於ては最も単純で、之を攪き乱すような力は昔から少なかったように思う。たとえば異民族の影響が特に一隅に強く働くとか、又は居住民の系統が別であった為に、同化を拒んだり妥協を要求したりするという、仏蘭西方言図巻の上で説かれて居るような原因というものは、探し出そうとして見ても、そう多くは見つからないのである。然るにも拘らず、或若干のもの、とり分けても蝸牛の単語の如きは、この附表に載せただけでも既に三百種、種類を分けて見ると六つ七つの異なるものがあり、地方によってはそれが又入り交って、時としては部落毎にという程もちがって居る。一方には古事記や万葉集の編纂よりも前から、今に至るまで一貫して同じ語を用いて居る例も沢山あるのに、是は又何とした錯雑であろうか。考えて見ずには居られぬ問題であった。単語や表出法の或特定のものだけに、他と比べて殊に急激に変化し、且つその流伝と模倣とを促す様な性質が具わって居たものであろうか。但しは又それを迅速ならしめるような外側の事情が、偶然に来って之に附随することになったものであろうか。斯ういう特別の事情に至っては、寧ろ茲に謂う所の周圏説ばかりでは、解説し能わざるものであった。方言即ち一つの国語の地方差が、どうして発生したかを知った上で無いと、国語の統一は企て難いものであるのみならず、仮に一度は無理に統一して見ても、やがて又再び区々になることを、防止する望みも持つことが出来ない。そうして方言の成立ちを明かにしようというには、斯んなやや珍らしきに過ぎた一つの実例でも、之をただ不思議がるばかりで打棄てて置くというわけには行かぬのである。それ故に自分は、国語に影響したと思う数多の社会事情の中から、先ず児童の今までの言葉を変えて行こうとする力と、国語に対する歌謡唱辞の要求と、この二つだけを抽き出して考えて見ようとしたのである。言葉は年数よりも使用度のはげしさによって早く古び、その又新らしい方の言葉の好ましさというものは、利用者の昂奮心理とも名づくべきものによって、一段と強く鋭どくなるのでは無いかということを、問題にして見ようとしたのである。児童と民間文芸と、この二つのものに対する概念が、我邦ではどうやら少しばかりまちがって居た。それを考え直してもらいたいという気持もあって、ちょうど斯ういう頃合いの話題が見つかったのを幸いに、私は力を入れてこの蝸牛の方言を説いて見ようとしただけである。いわゆる方言周圏説の為に此書を出したものの如く謂った人の有ることは聴いているが、それは身を入れて蝸牛考を読んでくれなかった連中の早合点である。成るほど本文の中には周圏説というものを引合いに出しては居るが、今頃あの様な有りふれた法則を、わざわざ証明しなければならぬ必要などがどこに有ろうか。

それよりも更に心得難いことは、この周圏説と対立して、別に一つの方言区域説なるものが有るかの如き想像の、いつまでも続いて居ることである。方言は其文字の示す通り、元来が使用区域の限られて居る言葉ということなのである。区域を認めない方言研究者などは、一人だって有ろう筈が無い。ただ其区域が数多くの言葉に共通だということが、一部の人によって主張せられ、他の部分の者が信じて居ないだけである。今からざっと四十年前、まだ方言の実査の進んで居なかった時代に、中部日本の或川筋を堺にして、東と西とでは概括的な方言のちがいが有ると、言い出した人たちが大分有った。是がもし其通りなら大きなことで、或は方言以上、もとは相似たる二つの言語という様な結論にもなり兼ねぬのであったが、其推定を支持するような資料は、今になっても格別増加して居らぬのみか、寧ろ反対の証拠ばかり現われて居る。動詞打消しのユカヌ・イワヌを、イワナイ等の形容詞風に改めて見たり、命令形に添附するヨを口に変えたり、さては観音喧嘩等をカンノン・ケンカと発音したりするのは、それぞれに一つの好み又は癖であって、従って屢々一地方に偏しては居ろうが、東にも元の形は併存して居るばかりか、西にもその変え改めた形のものが、毎度のように拾い出されて居る。甲乙丙丁幾つかの言葉の、一つが変って居ればその他も之に伴ないて、必然に改まって来るということは、絶無とまではまだ言い切るだけの根拠は無いが、そうなる原因もわからず他に類例も無い以上は、先ず当てにはならぬと見る方が当って居る。とにかくにそうなって来てもよい理由が、現在はまだちっとでも説明せられず、しかも又事実も其通りでは無いのである。どうしてこの様な想像説が、いつ迄も消えずに有るのかすらも我々には不審なのである。是と方言周圏論とを相対立するものと見るというような、大雑把な考え方が行われて居る限りは、方言の知識は「学」になる見込は無い。きっとそうだという事実も立証せられず、又そうなって来た経過も追究せられて居ないのに、それでも一つの学説かと思うなどということは、大よそ「学」というものを粗末にした話であった。今や国語の偉大なる変遷期に際会しつつ、果して其変遷には法則が有るのか、もしくはただ行き当りばったりに、乱れて崩れて斯うなってしまったのか、どちらであるかということさえ、まだ学界の問題になって居ない。それが私などの考えて居るように、個々の小さな表現の生老病死、一つ一つの言葉の運命とも名づくべきものを、尋ね究めて比較し綜合して見ることによってのみ、辛うじて近より得る論点であるということを、学者に認めてもらうだけでも、又大分の年月がかかることであろう。争って見たところでしかたの無いことはよく知って居るが、さりとてただ茫然と時の来るのを待って居るわけにも行かない。旧版の蝸牛考が久しく影を隠して、愈々いい加減な風評ばかりが伝わって居る折から、少しでも判りやすく文章のそちこちを書き直して、今度はもう一ぺん専門家以外の人の中から、新らしい読者を得たいと念ずるようになったのも、言わば近年の味気無い色々の経験がそうさせたのである。しかも一方に於て、国語が国民の生活そのものであり、人に頼んで考えてもらってよい様な、気楽な問題ではないということが、此頃のように痛切に感じられる時代も稀である。今まで我々が考えずに過ぎたのは、一つには刺戟が鈍かった為ということもあろう。それには少なくとも蝸牛考などは、一つの新らしく又奇抜なる話題を提供して居るのである。最初から単なる物好きの書では無かったのである。

柳田国男

明治大正史世相篇

自　序

（『明治大正史４　世相篇』朝日新聞社、昭和六年一月二〇日発行）

明治大正史の編纂が、我朝日新聞によって計画せられるよりもずっと以前から、実は斯ういう風な書物を一度は書いて見たいということが、内々の自分の願いであった。其為には既に多少の準備をして居るような気持でもあった。ところがさて愈々著手して見ると、新らしい企てだけに案外な故障ばかり多かった。日限は相応に取ってあったにも拘らず、尚非常に印刷所を待たせて、しかも此様な不手際なものしか出来なかった。病気その他の若干の申しわけは有るが、要するに自分にはまだ少し荷が重過ぎたのであった。残念な話だと思う。

但しこの経験は少なくとも嗣いで試みる人には参考になると信ずる故に、釈明を兼ねて一通り之を述べて置きたい。打明けて自分の遂げざりし野望を言うならば、実は自分は現代生活の横断面、即ち毎日我々の眼前に出ては消える事実のみに拠って、立派に歴史は書けるものだと思って居るのである。それをたまたま試みた自分が、失敗したのだから話にならぬが、自然史の方面ではこれは夙に立証せられたことで、少しでも問題にはなって居ないのである。殊に一方の人間史の側では、之に比べると遥かに豊富なる過去の観察が、少しは偏して居るか知らぬが、記憶され又記述されて居て、我々の推測に心強い支援を与えてくれるのみか、更に化石学にも相当する知識の領分が、亦自然史よりは何倍か広いのである。資料は寧ろ有り過ぎるほど多い。もし採集と整理と分類と比較との方法さえ正しければ、彼に可能であったことが此方に不可能な筈は無いと考えたのである。

此方法は今僅に民間に起りかけて居て、人は之を英国風に Folklore などと呼んで居る。一部には之を民俗学と唱える者もあるが、果して学であるか否かは実はまだ裁決せられて居ない。今後の成績によって多分「学」と謂い得るだろうと思うだけである。而もそういう人たちの中には、専ら其任務を茫洋たる古代歴史の模索に局限しようとする傾向が見えるが、之に対しても自分は別な考を持って居る。其一つは古代史にして尚此方法に由って究め得べくんば、新代史は愈々其望みが多かろうということ、遠き上古にすら之を応用する必要があるならば、近くして更に適切なる現代の疑問にも、是非とも試みて見なければならぬということであった。今一つは正反両様の証拠の共に示し難く、たとえば日本人は希臘より来るという説までも、成立ったり闊歩したりするような区域に於て、この無敵の剣を舞わすことは、何か巧妙なる一種の逃避術の如き感がある。だから邪推をする者には故意に事実の検閲を避け、推理法の当否を批判せられるのを、免れんとする者の如く解せられるので、是はこの新たなる研究法の信用の為、可なり大いなる損害と言わなければならぬ。それを防止する為にも自分は今一方の片扉を、是非とも押開く必要があると思った。それでこの一つの機会を逸すまいとしたのである。

問題は然らばどうして其資料を集め、又標本を調製するかであった。自分が新聞の有り余るほどの毎日の記事を、最も有望の採集地と認めたことは、決して新聞人の偏頗心からでは無かった。新聞の記録ほど時世を映出するという唯一つの目的に、純にして又精確なものは古今共に無い。そうして其事実は数十万人の、一斉に知り且つ興味をもつものであったのである。ちょうど一つのプレパラートを一つの鏡から、一時に覗くような共同の認識が得られる。是を基礎にすることが出来れば、結論は求めずとも得られると思った。其為に約一年の間、全国各府県の新聞に眼を通して、莫大の切抜を造っただけで無く更に参考として過去六十年の、各地各時期の新聞をも渉猟して見たのである。

ところが最後になって追々と判って来たことは、是だけ繁多に過ぎたる日々の記事ではあるが、現実の社会事相は是よりも亦遥かに複雑であって、新聞は僅にその一部をしか覆うて居ないということである。記録があれば最も有力であるべき若干の事実が、偶然に此中から脱して居るということであった。新聞は決して前代の史官のように、伝うるに足る事蹟の選択はしないのだが、それでも生活の最も尋常平凡なものは、新たなる事実として記述せられるような機会が少なく、しかも我々の世相は常にこの有りふれたる大道の上を推移したのであった。そうして其変更の所謂尖端的なもののみが採録せられ、他の碌々として之と対峙する部分に至っては、寧ろ反射的に斯ういう例外の方から、推察しなければならぬような不便があったのである。

そこで結局は此以外のものの、現に読者も知り自分も知って居るという事実を、唯漠然と援用するの他は無かった。努めて多数の人々が平凡と考え、そんな事があるかと言わぬ様な事実だけを挙示して、出処を立証せずに済むという方法を採るの已む無きに至ったのである。今少し時日があるなら標本を作ることは出来たのであるが、そうして見た処で唯分りきったことを、丁寧に述べるという結果にしかならぬ。此点が将来何とか考えて見なければならぬ問題で、兎に角に最初の計画は爰で頓挫した。新聞は勿論無限の暗示であったが、直接の資料として引用し得たものは唯僅であった。その他の資料も余りに同時代人の熟知して居ることを、異国後代の読者に書送るように、くだくだしく記述する気にはなれなかった。もう一度自然史と比照することを許されるならば、かの方面では松とか笹とか雀とかいうような朝夕見馴れきった物でも、丁寧に其状態を叙説すると、精密だと評せられるまでに学問は進んで居る。これに反して従来の世間話から僅に一歩しか進んで居ない世相研究に於ては、もしもそんな事をすれば馬鹿々々しいと謂って、耳を傾ける者が一人も無くなるであろう。自分が此著に於て幾分か論評式の筆を遣ったのは、斯うでもしなければこの有りふれた世上の事実に、改めて読者の注意を惹くことが出来ないからの窮策であって、決して資料の乏しいのを補おうという為では無かった。資料は寧ろ過多というまでに集積して居た。ただ方法が拙ない故に甲乙丙を分類比較して、その進化の径路を一目に明瞭ならしむることを得なかっただけである。それが出来ないというのはフォクロアとしては失敗である。

次に尚一事附加えたいと思うのは、此書が在来の伝記式歴史に不満である結果、故意に固有名詞を一つでも掲げまいとしたことである。従って世相篇は英雄の心事を説いた書では無いのである。国に遍満する常人という人々が、眼を開き耳を傾ければ視聴し得るものの限り、そうして只少しく心を潜めるならば、必ず思い至るであろう所の意見だけを述べたのである。之を以て一個特殊の地位に在る観察家の論断を、人に強いるものと見られるのは迷惑である。自分は些しでも達識者の誇りを抱く者では無いが、それでも是よりはやや奇抜なる見解を抱いて居る。併し名を歴史を講ずるに仮りて、それを押売するようなことは、ずるい話だと思ったからしなかった。

明治大正の新たなる世相は、たった是ばかりかと難詰する人も恐らくは有ろう。それも万々承知であり、殊に最近の所謂モダン振りには、自分も相応に悩まされて居る一人である。それを略したのは自分が不調法であるのと、既に多数の通又は大家があるのと、議論が簡単に決しそうも無いのと、三つの原因に基づいて居る。今一つは都市が余りに多くの問題を提供して居るので、之を制限する意図もあった。人間の数なり利害の大きさから言えば、もう少し田舎の事物を多く説いてもよいのであったが、田舎では書物は町から携え還るみやげのように思って居る人が多い。それ故に自然に話が其方に傾きがちなのである。之に対立して今一つ、都市の人に読ましめる為の地方書が有ってよいと思う。何にもせよ問題が是でもまだ散漫で、細かな地方の生活事情には及び難く、徒らに一箇暗示の書の如くなってしまったのは、著者の最初からの志ではなかったのである。

此書の編纂に就ては中道等、桜田勝徳の二君が大いなる援助を与えられた。それが十分なる成績を以て、二君折角の好意に答え得なかったのは、殊に自分の遺憾に思う所である。

昭和五年十二月

柳田国男

秋風帖

序

（『秋風帖』梓書房、昭和七年一一月一〇日発行）

これは私の最も自由なる旅行の一つであった。前にも好んで路程を変えて見ることはあったが、此時ばかりは始から計画というものが無かった。駿州の焼津で汽車を降りてから、成るべく鉄道と筋かいにあるいて見ようとして大井と天竜との間を幾日かうろついた。磐田引佐《いなさ》の堺の尾根づたいに、昔の秋葉路を逆に八名《やな》郡へ抜ける気になったのは、浜松で色々の話を聴いた後であった。ここでは熊《くん》村《ま》までの二日路を、中村修二君が同行してくれられた。

三河の新城《しんしろ》では今和次郎君が跡から遣って来て私を捜しあてた。そうして共々に作手《つくで》の山村に、入って見ることになったのである。作手の秋色と故事人物とは、殊に奄留に適するように思われたが、我々は遊歴人の気持にはなり切れなかった。忙わしく郡堺川の水の流に追随して、下山《しもやま》の客舎に一夜を明かし、その次の日は既に松平の故邑を見物し、九久平《くぎゅうだいら》岩津を通って、黄昏に岡崎の御城下へ出てしまった。此間の記事は本文が之を詳かにして居る。菅江真澄の足跡は消えて居たけれども、彼を生み育てた故郷の土の香には、又改めて大いなる親しみを持つことが出来たのであった。

幡豆《はず》の海沿いは二十年余り前に、船から見て通った懐かしの村里であった。ここに一日の逍遥を試みる為に、私だけは後に残り、今君は又別の旅に立ってしまう。次の日は岡田撫琴氏の自動車に送られて、岡崎を辞し矢矧の上流を渡り、挙母《ころも》の町に来て草鞋を買い、靴を再び荷持のカバンに結わえ附けた。但し此辺の人足は自転車に乗って、さっさと先へ飛ばして案内などはしてくれない。半分途も行かぬうちにもう向うから戻って来て、たしかに置いて参りましたなどと澄まして居る。西加茂の山村は家毎に瀬戸の陶器用の石粉を搗き、岡を片端から切崩しては隣国へ売って居る。明るい真白な、しかし落莫たる光景であった。猿投《さなげ》の霊山の麓の里のみが、独り此間に於て幽邃であった。私は土地の考古家小栗鉄次郎氏を頼んで、巴の紋を描いた左鎌の、堆かく積まれて居る御社を参拝し、それから夜に入って飯野という村の、古風な旅籠屋に辿りついた。

翌朝は美濃の柿野の郷へ、僅かばかりの一つの峠を越えた。地図には名を掲げてないが昔からの大切な道路と思われた。尾張と三つもあいになった三国山の東の腰で、その三国山こそは年に一度、地方に漂泊するサンカ族の寄り集まって、宴楽し又妻問いをする会場として著名であった。柿野には柿の園すでに衰え、鳥網《となみ》張るわざばかり愈々盛んである。山の北面は見渡す限り、竹で囲うた鳥屋が高い処まで立て連なり、日の中は人の往来が繁かったのみならず、「秋山のスケッチ」に見るような両県の交渉が、此間に行われて居るのであった。

しかも此谷の口になった山の尾崎を一つ曲がると、再び石の粉の白く漲ぎる里続きであった。部落をシマという古い言葉は残って居るが、それを繋いで居るのは並木も無い新式の縄手路であった。石を工場へ運ぶ荷馬車が、ひどい土埃を浴びて絶間も無く下って行く。その一台に私の荷物は托して、暮近く多治見の町に入って見たが、ここでは何としても独り宿するに堪えなかった。それから更に自動車を傭うて、兼山の少し上手で木曽川の橋を渡り、灯の光静かなる太田の町まで遣って来た。ここには紙上の旧知林魁一君が住んで居る。家はこの古駅の制約に依って、高い防火壁を取附けたる巨大なる萱葺きであった。夜深く提灯をともして後園の柿をもぎ採り、その種類の有るだけを盆に盛って、携えて旅店に来て遅くまで話をしてくれた。其夜の話柄は今でも大半は記憶に存して居る。

次の日は其柿と合乗りして、岐阜に出て久しぶりに汽車の客となった。大垣の町に下りて見ると、ここには共進会があって数限りも無い柿の実が出陳せられて居る。山々の美しい秋の日の光が、流れてこの公園の一隅に淀んで居るような感があった。それから車を馳せて揖斐《いび》川右岸の新らしい川除堤を、海津《かいづ》郡に入って今須高田の町を歴訪して見たが、河川工事の為めに交通系統は全く改まり、持ってあるいた地図は用に立たず、以前津島の天王様の試楽の日に、遠く太鼓の音を出て聴いたという村なども、もうどの辺であるやらわからなくなって居る。天野信景が浪合記を見つけ出した時代に比べると、尾張は西美濃からずっと引離されてしまったような気がした。

その晩は桑名の船津屋に泊って、曽て此欄干に依って千鳥を聴いた頃のことを想像して見た。

水陸の変化は伊勢湾頭に於て、殊に送迎にいとま無きものがあった。人間の遺物はほぼ旧形のままであるが、歴史は既に遠干潟の如く、遥かに目路のあなたに引退いて居る。此岸ばかりから物を観てはならぬと思った。それで船の路の次々に改まって来たことを考えて、急に紀州の加太浦を見る気になり、出来るならばそこから淡路へ渡って行こうと思った。

翌日の汽車では、伊賀と大和とは素通りにして、直ちに紀ノ川の右岸まで出て見たが、五条以西は私には生路であった。粉河の観音の御寺には、古い同志の逸木盛照師が居られる。今では宗務に携わって不在勝ちの様にも聞いたが、結縁の為に汽車を下りて参拝した。果して上人は留守であり、境内も至って森閑として居て、そこらを見巡るうちに自分へ話しかける者は、ただ古い読書の僅かな記憶だけであった。懐かしいと思ったのは後代の児文珠《ちごもんじゅ》、さては武蔵の深大寺などに、移し伝えられて居た神童文学が、茲では千年も前から既に花やかに展開して居たことである。竜宮も寂光浄土も皆それであったが、我々は終始民族固有の幻しを透して、この渡来の教法を渇仰して居たのであった。本堂の片隅にいささかな手細工物を額に上げて、「おらくをさめたてまつる」と拙ない文字で書いてあるのも、何か大きな現象のように私には感じられた。ここの絵馬堂には長州の講社の名が多く、それが大抵は船方であるらしいのも、思い掛けぬ発見であって、それから今日まで心にかけては居るが、まだ其由緒をつきとめることが出来ない。

加太《かだ》は私が想像して居た以上に、十二分に既に漁村化して居た。久しく磯の香の間に立ち尽して居たけれども、遠国の言葉などは一つだって耳に入って来ない。浜は土地の人ばかりの、むつまじい休養場であって、淡路へ渡る船ももうここからは出ない。淡島様の御社では、紅い小さな紙の人形を、婦人の御守りとして出して居るだけで、今でも数多く田舎を巡って居る修験者の、本山らしい様子などは少しも無かった。夏はやっぱり海水の御客だけを喚ぶように、宿屋の支度も改まり、風景も亦それに似つかわしくなって居る。或は要塞あたりの干渉であったかも知れぬが、兎に角に湊は案外に早く忘れられるものだと思った。

そんなら今度は瀬戸内海の方はどうなって居るか。序に見て置こうという気になって、次の日は大阪に出て来て、夕方の下りに乗った。是だけは昔の旅行には望めないことである。汽車を一夜の宿にして次の朝はもう広島に降りて居た。それから宇品へ行って東へ行く乗合船を物色すると、ちょうど何箇処かの島の村に寄りつつ御手洗《みたらい》まで行くという船がある。大崎下島は今の名を大長村と謂い、旧友の五領田君が村長をして居る。島の蜜柑作りも歴史は至って古いが、それよりもここは桃の名所として知られて居た。更にもう一つの世に名高い理由は、勿論地形であり風を頼りの航運法ではあったが、土地にもそれと調和するだけの機関が、中古以来備わって居て、それで此湊を若い冒険者たちに、忘れ難いものにして居たのであった。だから船の構造が変り帆が改良せられて、水路は昔の通りで無くなっても、景気のよい間は来て繋がれる船が多かったのであるが、そんな心元ない力だけでは、永く外側との交通を保つことは難い。湊が受身の繁栄によってその触角を失い、孤立の危険を感ずる例は他の地続きの土地にもあろうが、島では脱却の必要が一段と急である為に、誰にでも早く気が付くのである。

手舟の利用の衰えてしまったことは、一度はすべての島と岬の村里を、非常に淋しいものにしたようである。海は大道であるけれども常設の航路の外に立つと、朝夕互いに見かわして居ながら、少しも消息を知らずにただ並んで居る島の多いことは、平野を旅する者の推想の外であった。私は大崎下島の技師某君に伴なわれて、一旦尾道《おのみち》へ戻って生口《いくち》の島へ渡り、瀬戸田から峰を越えて南の磯づたいに、原とかいう部落に来て小舟を見つけ、対岸の伊予の岩城島に送ってもらった。それから案内も無しに此島の山路を経廻って、更に生名《いくな》に渡り又因島《いんのしま》に渡って、漸く乗合船を得て汽車のある陸地へ帰って来た。尾道の浄土寺山に登って見ると、海が七つの湖水のように見えるという程、此あたりの島山は重なって居るのだが、県が異なる限りは中心も別々であって、其間の交通が思うようで無いのみか、同じ一つの地塊に拠りながらも、端と端とには丸で心持のちがった島人の、住んで居る場所さえ稀で無いらしい。全体に農を重んじ漁を軽んずる人たちが、移って拓いた村里が多いように思われた。今では事情も大いに変ったろうが、まだあの頃までは瀬戸田の町のように、船を持って弘く世間を試みて来ようという気風は、此辺ではそう普通で無かった。単なる成行きが土地の幸福を支配して居る点は、山奥の村などと異なる所が無かったのである。

しかも一方は外部の刺戟が単純であるだけに、どこでも大よそ似たような道筋をとって、変化して行こうとして居るに反して、島の境遇は一つ一つが違って居た。斯うして一望の裡に羅列して居る生活にも、何れを代表として他を類推してもよいという箇所が無い。細かく分けて見るならば瀬戸内海の島々は或は数百の小さな社会であるかも知れない。是はどうしても志を起し、もう一度計画を立てて見てあるかなければならぬと、深く心に念じて其時は帰って来たのであった。それが知らぬ間に早くも十何年の歳月を隔て、今は僅かに物の序を以て残んの思出を辿るばかりになったのは、誰よりも先ず自分に対して済まぬ話であった。旅は一生のうちに見たいと思う処を、見尽してしまえばそれでよいというのは、単なる逸民の我慾に他ならぬ。是を身の学びとし又世の知識とする為には、今日は殊に短い期間に、努力して広く遠く経廻する必要がある。土地の事情が刻々に移り変って、今と前年とを比較することが難いからである。自分は壮年以来幸いに多くの機会に恵まれて居たけれども、尚一念の貫徹を欠いて居たが故に、結局一端を知って他の半面を推断するような、最も覚束無い近代の流俗を、脱出することが出来なかったのである。

紀行は全体誰が読むものかということも、今更ながら問題とせざるを得ぬ。実地を知らない人たちへの案内の書であるならば、此本などは余りにも説明が拙であり、又余りにも筆が省いてある。或は膝栗毛のように知って居る人々の為に、共同の興味を抱かしめるものとしては、私の通る路はいつも稍片隅に偏して居た。当時自分ではまだ心付かなかったけれども、やはり僅かばかりの同じ道を行こうとする人の他に、主としてはその土地の住民の、目に触れることを期して居たらしいのである。前代の旅日記の類には、斯ういう読者を予想したものは稀であったろうが、しかも今日となっては此人たち以上に、深い関心を以て之を読む者は他に無い。紀行の目的とする所は時世と共に変らなければならなかった。私などの観察は精確で無かったかも知れぬが、兎に角にこの新らしい需要に応じたもので、それが事実を見誤って居らぬ限り、いつかはその土地の人に認められて、或は記録無き郷土の一つの記録として遺るかも知れぬ。

率直なる外部の批判は、実際は甚だ耳に入り難いものである。是が新聞によって即刻に頒布せられ、容易にその誤謬を訂正し得るということは、今少し利用してもよい新時代の便益であった。ただ私は此方面に不馴れである為に、いつでも文章の効果を危ぶむような念があった。殊に旅先で物を書くということが不安であって、長く続けて行けなかったのは残念である。大正九年は私一箇の為に、最も記念すべき旅行の年であった。前後三篇の紀行を草して東京朝日新聞に載せて居る。その第三の海南小記は、早く一冊の本として世に公にし、最初の東北紀行も之に次いで「雪国の春」の中に載せてある。独り其中間の「秋風帖」のみが、いつ迄も切抜のままで保存せられてあったのを、今度思い立って書物の形にしたが、よく見ると其分量が少し短か過ぎた。それ故に二三同種の文を其後に附加え、別に此一篇の追憶記を序文の代りに巻頭に掲げることにした。此頃久しく旅をして見ぬので、脚も筆も共にやや痿えて居る。

柳田国男

女性と民間伝承

序にかえて

（『女性と民間伝承』岡書院、昭和七年一二月一五日発行）

二三の外国に於ては、この学問は次第々々に、女流の管轄に移ろうとして居ます。例えばミスコックスのシンドレラ、即ち日本で謂う紅皿欠皿物語の研究などは、もう三十年前の出版ですが、東西の諸民族の中から、百八十幾つの同系統の昔話を集め、比較に由って古い心持を尋ねて見ようとしたもので、今日になってもまだどこの国にも、此より優れた本は出て居ないのです。希臘文化の新しい考察としては、ミスハリソンのプロレゴメナ其他の著述が、大なる信用を持って居ます。私の小さい書庫にも、まだそんな書物なら幾つかあります。

女性が我々を助け教え又慰める事業としては、是などは相当に価値の高いものの一つで、其成績に至っては男女の間に差が無いと言うよりも、寧ろ婦人の方が一層容易且つ満足に、目的を達することを得るかと思います。理由は色々ありますけれども、先ず第一に民族の歴史と云うものは、実際の政治論などに応用し得る部分を除くの外、世に出て働こうとする者の準備として、通例稍迂遠な智識の如く考えられて居ます。人は多く久しい以前から知れて居る歴史を以て全部と心得、単に其暗記のみをして、もう歴史の教育は済んだように思って居ます。其結果は之を学問と名けることが不適当なほど、いつの時代にも問題が貧弱で、研究の興味が一般的で無いのです。

ところが従来の書物などで、明かになって居る事蹟は、実は歴史の甚だ小さな一部分で、我々普通人の過去生活は、殆どまだ何一つとして知られて居ないのです。如何なる人にも次々に親の親があって此国に住み、如何に平凡幸福な者でも、一生の間には様々の悲しみ喜びの大事件があった筈なのに、それが果して如何なる方法を尽しても、到底今ではわかる見込の無いものであるか否かと云うことすら、まだ考えて見ようとする人が無かったのです。天文学では肉眼で見えぬ糠星までが名を附けられ、細菌学では蚤の腹に住む生物の姿さえ明瞭になりました。差当りの必要の無いと云うことは、決して学問を馬鹿にした理由では無かったので、全く史学が余りに古く且つ大切な学問であった為に、却って之に対して無暗に不満足の感じを表わすことを、幾分か我々が遠慮して居たのです。今に誰かがそれを考えてくれると思って、忙しい男たちがつい辛抱して居たのです。

我々普通人の祖先の事蹟などは、判明したところが何れ有りふれた、見じめな気の毒なものに相違ない。一々尋ねて見るのもつまらぬと、思う人が無いとは言われませぬが、そう云う気持も亦何から起ったかと考えると、やはり此国の人が妙に思切りよく、只先へ先へと渡って行く傾きが、最初から在ったか又は後に始まったかと云う、根本の問題に帰著します。それだけで無く全体に、今の所謂歴史にも尚問題は充ち満ちて居ます。そうして現在の社会で是非とも解決をせねばならぬ事件の、根底に横たわって居るのです。静かに且つ同情を以て世相を観察し得る者で無いと、之に向って適当な疑問を抱くことさえも出来ぬのであります。

なるたけ理窟がかった事を言わずに、話を進めて行くのが私の趣意であります。出来るならば面白く話をして見たいと思います。

我々日本人の多数が、自分たちの昔の生活も、少しは知らせて貰いたいと言い出したのは、つい近い頃からのことです。今迄は其要求に対して用意がしてありませんでした。文字で書残された本や日記や証文の中に、此方面の歴史の材料が丸で無いとすれば、次には是非とも今居る人に就いて、調査して見なければなりませぬ。他にも何か方法があるかも知れぬが、現在では殆ど是が唯一の手段です。そうして人の心を最も上手に読むことの出来る者は、男よりも女の中に多く居るのです。

成程今居る日本人は、全部が百年より此方に、此国に出現したに相違ありませぬが、それは決して偶然の出来事では無かったのです。彼等の顔形、髪衣裳から日々の生活ぶり、怒ったり感心したりする心持まで、一として由って来る所の無いものはありませぬ。遺伝と謂うとめいめい其親に似て居ることだけを意味しますが、国を一つにして住みますと、いつの代の従兄弟であったか知れぬ人々までが、言語を始として、互いに共通なものを沢山に具えて居るのです。

我々は今啼く鶯時鳥の声を聴いて、歌に詠まれた古今集の時代にも、此調子で昔の人の心を動かしたことを知り、松や柳の年々の若緑を見て、以前の春の姿を想像し得ます如く、家は百年二百年を以て建て替り、稲は秋毎に刈収めて食べられ一つとして前の物は残って居ませぬが、尚言わず語らずの間に千年以前の祖先も、やはり同じ事をして活きて居たものと、思って居るのであります。人の心の持ち方ばかりが、そう走馬灯の如く改まって来た筈はありませぬ。故に現在の我々の癖や習慣からだけでも、色々の昔の社会相が、類推して行かれる道理です。其上に人は殆ど無意識に、大切な古い実験を記憶して居るのです。只今日まで心を留めてそれを考えて見ようとしなかっただけであります。

尤も文字の学問が始まってから、我々の生活だけには著しい変動が現れました。殊に自由に外部の異分子に接して、其感化を受けることの出来る人ばかりが、何処に往っても群の突端に出て居まして、書くにも物言うにも常に全体を代表する形がありました故に、一寸見ると世中は急に改まってしまうようですが、実は古風というものは只之に包まれて居るだけで、変化の激しい程、愈々在来のものが隠れて遺ることになります。欧羅巴諸国の耶蘇教化などは誠に好い例で、千年以上村々には会堂があり、牧師が永住して居ましても、今でもまだ気を附けて観ると、そちこちに其以前の思想なり、慣例なりが取続いて居たのです。

都会の大通りを歩いて見ますと、男も女も既に洋服と靴になってしまう時が、目の前まで来て居るようでありますが、数から言うとそれは至って少しのもので、おまけに其衣装の一つ下には、日本人で無ければ持たぬような、考と感情が鼓動して居ます。教育は現在是だけ普及したのですが、真に新式に自分を現す人は尚稀で、形ばかりの真似が多い上に、其真似すらも出来ない人々が、又大変に居るのです。永い間には勿論此人たちも、次第に間接の感化を受けずには居ませぬが、現在ではまだ二筋の流になって併行して居ます。

ただ古風の部分は遠慮がちで、今までも久しく外に現れることが無かった為に、是ほど重要なる社会上の事実なるにも拘らず、案外に学問から顧みられなかったのです。正しく人生と国の本質とを理解しようとする者は、単に冷淡であってはならぬのみならず、進んで其隠れた奥を窺うことが必要ですが、感覚の鋭敏で又暖かい同情を持ち得る人で無いと、此方面の観察には適しないのです。故に何よりも先に、聡明なる女性に、此事業の興味を覚らしめるのが順序であります。そこで私は、今日村々の老いたる人々の頭にしか残って居らぬ、昔話というものの歴史上の意味を、僅かばかり説いて見たいと思って、此の和泉式部の話を書いて見るのです。辛抱をして終まで読んで見て下さい。

再刊序

（『柳田国男先生著作集　第七冊　女性と民間伝承』実業之日本社、昭和二四年二月五日発行）

和泉式部の足袋と題する一篇の文を、『桃太郎の誕生』の中に掲げて居る。あれはこの『女性と民間伝承』よりも後に成ったもので、自分には特に発見の興味が深く、又読者にも二つを合せて読んでもらいたかったのだが、残念なことには是が久しい間、絶版同様の形になって打棄ててあった。今度改めてそれを世に遺す折を得たからには、何としてなりとも之をほぼ完全に近い形に書き改めなければならぬのであるが、その時間がもう得られぬのみならず、当人もすでに失念してしまって、集めることが出来ぬほどに、其頃の資料が散乱して居る。もともと非常に広汎な問題の入口であって、私はただ行く手を指ざしたに過ぎぬのだから、なまじいじくりまわして印象の淡いものにするよりも、むしろ最初の意気込を其ままに、そっとして置くのがよいかとも思って見た。昔は和泉式部の伝説を、この様に色濃く美しく、描き上げるような技能と熱情が女性の中に在った。世が改まればそれを又学問の一つの光、一つの力に変形することも可能なのではあるまいか。出来るものならば長生をして、自分もその実験に参加して見たい。そういう意図の為に、わざとでは無いけれども、この欠点の多かりそうな論文を、此まま残して置く恥かしさを、忍ぶことにしたのである。

最初にこの文を公けにした婦女新聞というのは、福島君という人が独力で経営した週刊であった。万に近い読者は悉く実際家であって、斯んな物ずきなたった一つの話題が、どうして六十回以上も連載せられたかを訝かるより外には、今はもう何の印象も持って居ないことと思われる。筆者が自ら薦めることを敢てしなかったならば、切なる一つの志は空間に消えてしまうかも知れない。その方が私には一段と忍び難かったのである。

昭和二十三年九月

柳田国男

山村語彙集

（『山村語彙』大日本山林会、昭和七年一二月二〇日発行）

序

山に出入する人の現在も使って居る古い言葉を集めて置こうと思う。此中には林業・狩猟・放牧・山畑耕作等の土地利用法に伴なうものを始とし、在来の辞書には出て居らぬ動植物の名、又は出て居てもそれと一致しない意味を持つもの、交通に必要なる地形称呼、及び出来るならば信仰と生活技術に関する各方面の用語を取入れて見たい。最初は二千語ぐらいに達してから発表しようと思ったが、読者の補充と訂正とを求める為に、寧ろやや早めに不完全なものを出す方がよいと考える様になった。地域も問題も今はまだ甚だしく一部に偏して居る。解釈にも若干の誤りが有るかも知れない。同志の援助を切望する次第である。

（跋）この語彙は遠からず増補して見る積りである。我々の採集はまだ日本の四分の一にも及んで居ない。其残りの四分の三を編したら、単に新たな語が多く見つかるだけで無く、現在の解説の不当と不完全とが、いと容易に訂正せられるような資料が、追々に出て来ることと信ずる。葉書で結構なれば、一語でも二語でも御報知を乞う。既に掲げた語であっても可、重複は事実を確める手段として亦之を歓迎する。

東京市外砧村　柳田国男

小引

（『山村語彙（続編）』大日本山林会、昭和一〇年一月三〇日発行）

一昨年「山林」に連載を願った山村語彙は、極めて部分的な不完全な蒐集であったにも拘らず、意外の反響を各方面から得ました。其後直接に筆者に向って、追補訂正の資料を下さった方だけでも、よほどの数に達して居ります。それと自分の寄せ集めた言葉とを合せて、今一度第二の語彙を公表します。是でも全国の広きに比べるとまだまだ片端に過ぎぬと思いますが、完備を待って空しく歳月を費すよりは、是だけでも排列整理して置いた方がよかろうと考えたからでありま す。前集に出て居る語は、是非とも追記の必要な場合だけ、×を附してもう一度掲げます。最近刊行せられた林業辞典の中にも、此集に加うべきものが百以上も有るのですが、それは特に参照として入用なものの他、こちらへは転載せぬことにしました。しかし愈々一巻として世に遺す際には、合併して置くのが何かに便利だろうと思います。

新たな資料を恵まれた諸君の名を次に列記します。敬称を略したことを御容赦ねがいます。大体に到着順であります。

和歌山県西牟婁郡	福井　義質	三重県一志郡	山川　要助
高知県土佐郡	白岩　政敏	奈良市在住	高田　十郎
仙台市在住	藤原相之助	弘前市在住	松野　武雄
広島市在住	磯貝　勇	長野県小県郡	箱山貴太郎
長野県諏訪郡	小口　伊乙	愛媛県喜多郡	横田　伝松
福島県相馬郡	武藤　要	静岡市在住	内田　武志
和歌山県日高郡	森　彦太郎	青森県上北郡	中市　謙三
東京市在住	国分　剛二	東京市在住	山口　貞夫
福岡市在住	桜田　勝徳	鳥取県気高郡	近藤　喜博
長野県下伊那郡	井上　福実	熊本県玉名郡	能田　太郎
島根県那賀郡	石田　春昭	福島県石城郡	高木　誠一
久留米市在住	川口孫治郎	神奈川県津久井郡	鈴木　重光
山梨県中巨摩郡	長田　弓麿	東京市在住	町田　立穂
大阪府池田町	平松　朝夫	奈良県在住	野村　伝四

単に感謝の意を表する為には、一々氏名を掲ぐるにも及びませんが、是は同時にこの語彙の蒐集が、今尚包容せぬ地域の多いことを明かにして居るのであります。どうか右に列記の無い府県からも、今後新たな材料を引出したいものだと思います。一つの言葉の日本の端と端とに、行われて居ることを知るのは、当然ながらも非常に愉快なる発見であります。私の任務は今は主として其仲介をするに止まって居ます。

（『分類山村語彙』倉田一郎共編、信濃教育会、昭和一六年五月一五日発行）

序

昭和七年の七月以後、及び同九年の八月から数回に亙って、大日本山林会の雑誌に連載した山村語彙は、後に別刷にして数百部、同好の人々に頒布せられて居る。中にはあれを読んで記憶を喚び起して、新たに訂正補充の資料を供与し、又はこの方面の事実に、改めて注意を払うようになった人も少なくない。今度の分類語彙は出来るだけ其援助を利用し、且つ前回の五十音順を改めて、成るべく関係のある言葉を一つ処に寄せて見ようとしたものだが、飲食衣服器物等に関する若干の名詞を別の集にまわした他は、前の集に出したものもすべてもう一度この内に加えて居る。それが全体の約四割ほどであろうかと思う。狩猟についての言葉などは、前にはまだ甚だ少なく、其後の採訪が進んだ為に、可なり今は豊富になって居る。昭和十一年頃から始まった木曜会同人の山村旅行が、新たに此方面の知識を増加したことは、後世から回顧して見ても、恐らくは顕著なる事実であろうと信じて居る。

山村というものの範囲は、必ずしもはっきりとして居ない。よほどの山奥に入っても畑を作り又田を拓き、専ら採取と捕獲のみによって、生を営むという者は至って少ない。曽ては純粋の山民と称すべき家もあったらしいが、今は大部分が農家からの分れであって、従って全部の穀食を外部に仰いでは、不安を感ぜずには居られない人ばかりである。勿論山村の農作には、平地とはちがった幾つかの特色はあろうが、次第に移り動いて居て其境目が立てにくい故に、便宜上その全部を挙げて、既に信濃教育会の農村語彙に載せて置いたので、もう此中には再出させない。一方には又村里の方でも、年内の或期間だけ、山に入って山民の生活をする場合が多い。是だけは又区別無く此集の中に列記してあるから、正確にいえば寧ろ山中生活語彙という方が当って居る。つまり農漁山村の三つの語彙は、各その一部分が重なり合って居るのを、強いて何れかに片付けて見たのである。日本の田舎の事実を、一通りは知って居ると言いたい人々は、やはりこの三つの語彙の、どの一つをも閑却することは出来ぬのみか、更に是等の生業の出発点となって居る所の、家と村との組織、及びそれを動かす力としての、信仰愛情友誼等に関する古来の約束の、別に莫大なる言葉の数となって、伝わって居ることを忘れてはならぬのである。

ただそういう多くの語彙の中では、殊に山中の事物の名に、古い生活の名残が色々と伝わって居ることを、我々は感ぜざるを得ない。人が新たに世に交って、自ら体験して行くものの印象は強烈である。時としては父祖伝来の奥深い記憶を、片陰に押し遣るほどの力をさえ持って居る。そういう新たな印象を重ねる機会が、山の中では得られない故に、自然に今まであるものだけを守り養い、又は少しずつ引伸ばして行くことになったのかと思う。世界に稀なる山国であったということは、我日本を意外に古い風習の数多く残って居る国にしたのだが、此状態は果してなお続くかどうか。新らしい文化は平野を花やかにし、山へは又色々の旅人が入って行く。戸口の今日のような増殖の中ですらも、日に日に谷底の小さな部落、又は峠の上の一軒家というようなものの数を減じ、老いたる狩人や岩魚釣りなどの、黙って一生を暮らしたという人々は去って行って、もう其代りの者は出て来ようとせぬのである。分類山村語彙の多くの言葉が、永遠に忘れ去られる日は近い。何だかもう既に無くなってしまったものが、大分に有るのではないかという気もする。急いで之を存録する事業に、参加する人々を今少しく多くして見たい。それがこの本をやや不完全なる形のままで、一たび世に出して見ようとする我々の動機である。

我々の語彙に出て居ない一つの言葉が有るということは、大抵の場合には一つの事実の、今まで気付かれないものが見つかったことを意味するのみか、時としては説明し得なかったことを説明する手掛りになる。既に採集せられた一語の、又他の土地にもあったということは、事実を確かめるだけで無く、なお其由来の遠いことを推測せしめる。同じ言葉の解釈の少しずつのちがいは、誤謬を正す以上に、又考え方の変遷を跡づけしめる場合もある。わざわざ力を入れて問い試みるまでの労苦を費さずとも、たとえば路上の草の花が目を惹くように、自然に耳に留まったものを記憶して来るだけでも、それだけ日本の前代生活は、痕を次の代に印するのである。今後の活潑なる山地旅行家に、ただこの人生現象の興味を感ぜしめるだけでも、もう一つの仕事では無かろうかと我々は思って居る。二十年に近い自分たちの勉強が、たった是だけの語彙にしかならなかったということも、之を考えると必ずしも失望すべきでない。

終りに我々両名の分担を明かにするならば、此語彙の蒐集には多数同志の協力が加わって居るが、之を選定し又一応の排列を試みたのは自分であった。倉田君は其初稿を整理繕写して、現在の形にこしらえた上に、更に数回の校正と索引の製作を引受け、私をして容易に収穫の悦びを味はしめた。此問題に対する興味の増加と、新たなる経験の蓄積とが、同君他日の輝かしい学業の素地をなすならば、その隠れたる労苦は始めて償われたと言い得るであろう。

昭和十六年三月

桃太郎の誕生

自序

(『桃太郎の誕生』三省堂、昭和八年一月一日発行)

今からちょうど十年前の、春の或日の明るい午前に、私はフィレンツェの画廊を行き廻って、あの有名なボティチェリの、海の姫神の絵の前に立って居た。そうして何れの時か我が日の本の故国に於ても、『桃太郎の誕生』が新たなる一つの問題として回顧せられるであろうことを考えて、独り快い真昼の夢を見たのであった。

それが僅かに十年の後に、斯様な形を以て世に現われようなどということは、私にも実に意外であったが、是には予期し得なかった二つの理由がある。其一つは各地の忠実なる採集によって、急に多くの珍らしい昔話が、全国の隅々から報告せられて来たことである。前駆者たる佐々木喜善君、その他二三の同志の功績は、永く記念せらるべきものであった。第二にはこの興味多き比較研究の事業が、爾来何人にも試みられんとする容子が無く、再び折角の資料を埋没に付すべき懸念のあったことである。大抵の説話集は、それ程にも流布の限られたるものであった。特にこの方面に向っての注意を喚起する者が無いと、久しからずして所謂珍書道楽の手に鎖蔵せられてしまうかも知れなかったのである。私は境涯も年齢も、共にこの仕事に任ずるに適しては居ないが、ただ学問の未来の為に、坐視して居ることが出来なかっただけである。

もしも幸いにして別に其人が有ったならば、民間説話の二千年間の成長変化を攷察すると同時に、時の文化学者の受売約態度を批判する様な、そんな性急な一石二鳥は企てなかったろう。この二つは共に現代の忘れられたる問題に相異ないが、それを併せて論じなければならぬ必要は少しも無い。寧ろ順序を追うて二度にした方が感じは遥かに良かったのである。しかし私には此次の仕事が待ち兼ねて居る。是より以上の時と力とを、昔話の為に割くことの出来ぬのを遺憾とするばかりである。

今一つ不本意なことは、本篇各章の発表が時を隔てて居る為に、其うちに若干の変説改論があって、完全に是を現在の意見に統一し得なかった点である。例えば木を献じて水の神を悦ばしめた理由を、始めには偶然であろうといい、後には深い意味があるらしく考え、又山路の物語の永く伝わった原因を、前には舞の手の面白さであろうといい、次には笛の曲の力に帰して居る。勿論今信じて居るのは新らしい方であるが、前者も亦一説として存する迄はよかろう。私は最初より人を誤りに導くような断定はして居ない。又是ばかりの研究によって、直ちに軽信するような読者も少ないことと思う。将来際限も無く成長して行かねばならぬ学問である。この小さな一冊子の全然無用となるような時代が、仮に到達するとしてもそれも亦私には喜ばしい。

大海に流れ入る日をほと遠み山下しみつ岩走るらん

改版に際して

（『桃太郎の誕生』三省堂、昭和一七年七月二〇日発行）

『桃太郎の誕生』が世に出てから、ちょうど又一昔、多くの宝の島は引寄せられ、学問の地平線は晴々と遠く展がって来た。人を一段と高い岡の頂上に導いて、静かに四方を望ましめることが出来たならば、どれほどか悦ばしく又楽しかろうと、私なども考えては居る。ただ奈何にせん我々の昔話研究は、今も依然として麓の野を耕すのみで、たまさかに腰を伸し手の土を払い、かの大空の白い雲を、指ざすほどの余裕さえもたずに居る。そうして一方には昔話の背後に、何か埋もれたる深いものがあるように感ずる者は、もう著しく多くなって居るのである。

偶然なる仕合せかも知れぬが、この十年の間に昔話の採集は進んだ。是まで一顧もせられなかった地方の隅々から、千年を持ち伝えた家々の語りごとが発見せられ、始めて記録の形になって公けの利用に供せられて居る。是が消えて行くものの全部又は大部分を、取留めたことになるとも思われぬが、とにかくに是から後は、更に大きな速力を以て忘れられてしまう所であった。それを一国文運の輝かしい転回期に於て、辛うじて保存することが出来たのは有難いことだと思っている。十年前にも私が言ったように、『桃太郎の誕生』は少し出方が早かったのである。是が其後の新資料に依って、どの程度にまで確認せられ、又は反証を挙げて斥けられるか。実は甚だ危ないものであった。しかしこの学問の将来の展開の為には、私の失敗の如きは小さな犠牲である。それが怖ろしいようでは、とてもこの未知世界へは入って行けない。だから今私たちは、出来るだけこの新たなる採集を促進し、又之を整理し公開して、寧ろ自分の前説の誤りが、速かに露顕せんことを期して居るのである。些々たる訂正や追加を以て、弁護と妥協との余地を作るには、私の仮定意見はあまりにも大胆なものであった。ちょうど今後の研究者たちの為に、手頃の稽古台を供する意味に於て、今暫く原の形のままで残して置いて見るのがよいと思う。

珊瑚海を取巻く大小の島々には、文化のさまざまの階段に属する土民が住み、その或者は今も鬼ヶ島である。しかも彼等の中にすらも、やはり昔話は有るのである。それと我々の珠玉の如く、守りかかえて居た昔話との間に、果して悠久の昔から、何等の相交渉するものが無かったと言えるかどうか。是は世界の謎であり、しかも我々日本人ならば、いつかは解き得べき謎でもある。私は幸いにしてこの島々の新たなる資料が、ほぼ公共の財産となるの日を迎え得るならば、もう一度この旧著を読み返して、改めて是が保存に値するか否かを決したいと思って居る。人が家々の祖神の神話として、たしかに信じて居た時代が曽てはあったという点ならば、寧ろ未開の民の間にその痕を見つけやすいであろう。それに争うべからざる両者の類似がもし有りとすれば、記録こそは少しも無いけれども、一度は共に住んで教え合ったことがあるか、そうで無ければ人間の自然の性として、いつかは同じ様な空想に遊ぶ階段を経、しかもその思い出を永く失わないという癖を共通にして居るのである。あまり多くの参考書は見て居ないが、此書に説くが如き昔話の起原論、是と中間の成長発達とを、二つに引離して見ようとする方法論は、まだ諸外国の通説とはなって居ないようである。そうしてやや大雑把な私の検討では、まだ明白に私などの仮定を、覆えすような資料は発見せられて居ない。事によるとこの予想は当って居るのかも知れない。そういう楽観も少しは手伝って、この一つの旧作に対する著者の愛着は深いのである。

昭和十七年六月

柳田国男

小さき者の声

（『小さき者の声』玉川文庫89、玉川学園出版部、昭和八年四月五日発行）

序

壮年にして世を去った岸英雄君が、曽て学校の片手に教育問題研究を編輯して居た頃、時々私の家に来て子供のことを話し合ったことがあった。本書巻頭の二篇はその際の私の談話を補綴して、後に雑誌の為に書いて見たものである。文中に「あなた方」とあるのは成城小学校の教師諸君をさしたのだが、無論直ちに他の地方の同職の人たちに振向けることが出来る。

東京では既にあの当時から、児童の群の遊びは改良せられて居た。実はめったに「かごめかごめ」などを、街頭に見かけることは無かったのである。岸君が自身斯ういう雰囲気の間に育ち、そうしていつ迄も是を現前の職分と結び付けて、深く考えて見ようとするたちの人で無かったなら、多分は私をして改めて筆を執らしめる迄に、此問題には感動もしてくれなかったろう。要するに是は忘れられようとして居た一種の昔であった。私はそれを新たに心付くことに由って、忽ち郷土の教育に裨益する所があろうなどとは、少しでも信じては居ない。ただ単に今まで子供の事ばかりを考えて居たという人に、まだまだ知って置いて貰いたいと思うことが、幾らでも残って居るというだけを、そう大きな理屈無しに、感じさせることが出来ればそれでよいのである。

昭和七年十月

柳田国男識

自序

（『小さき者の声』女性叢書、三国書房、昭和一七年一一月二五日発行）

曽て小学校の教員諸君を予定の読者として、書いて見た文章がこの集には多い。私の趣旨とするところは、小児が持って生れ、又は携えて学校に入って来る或ものを、もう少し大切にしなければならぬというに在ったのだが、是にはまだ承服しかねる人も大分有ったような気がする。そういう中でも最初の二文を筆記してくれられた岸英雄君などは、私の長男の受持であった。すぐれて明敏な又感情の豊かな好青年であったが、なお率直にこの態度を否み、教育はもっと積極的に、陶冶の任を果すべきものだということを主張して居た。岸君は壮年にして世を去り、時代も亦既に転回した。小学校の名が国民学校に改まったように、過去の無意識なる感化教育の、力と効果とを計量する人々の態度が、今はよほど又変って来て居るのでは無いか。国語と歴史と修身との三つの重要な科目に、まだ何か願わしいものが取残されて居るような感じがするのは、或はこの必要なる回顧又は反省の、十分とは言えなかった為ということに、心づき始めた人が有るのではないか。それをもう一度問題にして見たい動機から、再び斯ういうものを本にする気になった。

私の研究は、まだ隅々に届いては居ない。たまたま一つの新らしい事柄を考えて見るにしても、それも浅々とただ表面をかき散らして見たに過ぎない、何の詮も無い小さな物ずきのように見られても是は致し方が無い。しかし少なくとも我々の知らなかったことが、今まで根原を尋ねて見ようともしなかった事実が、幾つでも有るということだけは是で明かになったのである。新たに心づくことがこの後も有るにきまって居る。だから何もかも判って居るような気持で、不十分な現状に腰を据えてしまい、出来る改革をも打棄てて置くようなことに、なってはならぬという警策には役立つであろうと思って居る。国を今日の姿に持って来る為には、我々の祖先もよっぽど働いて居る。手柄も落度も知った上の話であるが、それをしんみりと考えて見ようとする人が、まだ今日まではろくに無かったのである。文化の歴史は小さい者には及ばず、殊に児童の発達に就てはおろそかであったのである。

この本は前年「玉川文庫」という叢書の中で、少部数刊行したことがある。私はあの文庫を助け、且つ地方の知人たちに、読んでもらおうという願いをもって居たのであるが、全く自分の知らぬうちに、いつの間にか世に出してしまい、一冊も私の処へは持って来なかった。おまけに著者の姓名をまでまちがえて、実に不愉快な印象を残して居る。今度は改めて自分で校訂し、且つ新たに三篇を後に添えた。斯ういう種類のものは、是からもなお書いて見たいと思って居る。

昭和十七年十一月

柳田国男

退読書歴

序

（『退読書歴』書物展望社、昭和八年七月二〇日発行）

批評家としては、此本の著者などはまあ無能の方であろう。いつでも紹介するのは読まれそうも無いものばかり、結果から見れば書物を売れなくする為に、序文を書いた様な形にもなって居る。誰の参考になり相談相手になったという、心当りは一向に無いのである。しかし、本屋は或は聴くことを欲しないかも知らぬが、本は元来手分けをして読むべきものである。殊にこの節の如く出るものが多くなっては、人の読む本ばかりを追掛けて居たら、片隅に読まれぬ本が残って仕方が無い。此意味に於ては私のように、退いてやや普通で無い一つの持場を、担任する者のあることも必要であった。乃ち新時代の文運の総清算の為に、斯ういう読書の記録を遺して置くことが、必ずしも徒労で無いと思われる所以である。

後世百年の珍書奇籍は、事によると今私たちの歎賞し愛撫し、時としては切に其作者と共に、知遇の当代に得難いことを、悲しんで居るものの中から出て行くのかも知れない。現在の多くの蒐集家が、人や偶然の力で珍奇になったものを、聞知り見つけることにばかり苦労して居るに反して、私は少くとも其原因に参加して居た。書物が売れまいというたった一つの理由の為に、日の光を見ないのは国の恥だと思った。目前読み解く者が無いというだけの根拠を以て、人間の創意を没却するのは不法だと私は考えた。二十年前の『甲寅叢書』、それに続いて出た五十巻の『炉辺叢書』などは共に此見解を世に問おうとした我々の運動であって、方法は如何にも拙だったらしいが、趣旨だけは既に宣明せられて居る。『諸国叢書』の計画も今は頓挫して居るけれども、曽ては亦私の書斎の一事業であった。全国の辺土に生死した無名の篤学の、最も世に知られない著述を複写して、集めて供養をしようというのが、此叢書の立願であったが、歳月を経る間に徐々としてそれが有名になり、斯うして残して置く必要がもはや無くなって、悦び且つがっかりした場合も幾度かある。書物を有りふれたものとする機関は、今日は完く備わって居る。独り大都の大量生産者が、過剰の円本を市に曝したのみならず、個々の蒐集者も亦競うて其所得を披露し、しかも丁寧に其内容を説き立てて、読まずとも大抵用が足るように骨折って居る。もしも此間に於いて新たに事を好み、強いて今まで省みられざりしものを省み、存在し難きものを存在せしめんとする企てが無かったならば、行く行く珍奇の種は或は此世から消えてしまったかも知れない。少なくとも自分だけはそういう風に考えて、わざと時流に背いて片脇の小路ばかりをあるいて居たのである。

今となってしみじみと感ずることは、書物は一生かかっても、案外に僅かしか読めぬものだということである。私は一族兄弟の間で、誰よりも多くの暇を持ち、又幼少の時から本は好きであった。それで居て尚世人の為に談り得る所は、寄せ集めてただ是ばかりしか無いのである。将来の読書子が歩み入る文の林は、嘗て私たちの跋渉したものよりも、遥かに広漠たる樹海でなければならぬ。そこに一条の正しい道を切りあけようとするには、迷うて戻って来た柴人の言も栞である。素より群衆のどやどやと行く大通りは別にあるが、私は尚佇立して鳥語幽かなる、羊腸の径を指さそうとして居るのである。

昭和八年六月晦

一目小僧その他

（『一目小僧その他』小山書店、昭和九年六月一五日発行）

自序

この巻に集めて置く諸篇は、何れも筆者にとって愛著の深いものばかりである。或題目は既に二十何年も前から興味を抱き始めて、今に半月と之を想い起さずに、過ぎたことは無いというのもあり、或はかの諏訪の出湯の背の高い山伏のように、何を聴いてもとかく其方へばかり、話を持って行きたくなるものもある。全体に書いて何かに公表した当座が、自分の執心も凝り又友だちや読者の親切もあって、却って新らしい材料の多く集まって来るのが、年来の私の経験であった。どうしてあの様に急いで文章にしてしまったろうかと、いつでも後悔をする例になって居るが、さりとて今日まで此問題をかかえ込んで居たならば、果して纏まりが付いたろうかというと、それには自分が先ず勿論とは答えることができない。

材料は今でもまだ集まって来る。たとえば目一つ五郎考の中に、郷里のうぶすなの社殿の矢大臣が、片目は糸見たように細かったということを書いてしまうと、それからは何処の御宮に参拝しても、きまって門客人の木像に、注意をせずには居られなくなる。その木像には年を取った赭ら顔の方の左の眼が、潰れて居るのが多く、又はそうで無いのもある。之を見ると私は非常に考え込むのである。隠れ里の椀貸しの口碑などは、最初は稀々に出逢って驚く位であったが、去年南部の八戸に往って聴くと、あの辺は到る処の川筋に二軒三軒の旧家が、大抵は家の昔として此話を伝え、又時々は其の貸したという椀や蓋物を蔵して居る。そうして其附近には奇妙にダンズという類の地名が多いと、小井川君などは言うのだが、是が又自分をして、佐渡の隠れ里の狸の長者の名が団三郎であったり、薩摩では狸をダンザという方言が有ったり、或は曽我の物語に出る鬼王団三郎の兄弟が、遁れて来て住んだという伊予土佐その他の深山の遺蹟などを、次々に思い出さしめるのである。

橋姫の話は早く書いて見ようとしたものだけに、殆ど際限も無いほどの後日譚を導き出して居る。水の女神の「ねたみ」ということは、以前は凡庸人の近づき侮るを許さぬ意味であった。それが嫉妬の義に解せられて、二個の女性の対立を説き、山の高さ競べの伝説などと、似通うようになったのも新しい変化で無い。赤児を手にかかえて行人に喚びかけるということも、山に在っては磐次磐三郎などの兄弟の狩人の物語となり、水の滸に於ては竜宮の嬰児の昔話に繋がって居るが、何れも素朴謹直の信者を恩賞する方が主で、たまたま其寵命を軽視した者だけが罰せられたのである。だから豊後の仁聞菩薩の古伝を始として、そういう遺跡は崇祀せられて居る。それがいつの程にか信仰を零落せしめて、九州の海ではウブメは既に船幽霊のことにさえ解せられて居るのである。しかし我々の同胞は谷や岬に立別れて、それぞれ自分の伝承をもり育てて居た。故に其例の多くを比べて見ることによって、進化のあらゆる段階を究め、従って端と端との聯絡をも明かにすることが出来るのである。遠江三河の山間の村には、水の神から送られた小さな子が、幽界の財宝を貸しに来る口碑も多い。隠れ里の膳椀はその一部分が、何かの因縁を以て特段に発達したものであった。鹿の耳を切る近代の風習は、処々の神の池の片目の魚、もしくは神が眼を突いたという植物のタブーと共に、生牲の祭儀の名残であったことが判った様に、橋姫と椀貸しとも元に於ては一つの根ざしであった。是を木地屋の信仰の基礎になった小野一族の伝道と、何か関係のあるものの如く推測した自分の一説だけは、あの頃ちょうど此問題に深入りして居た為の、考え過ぎであったように今では思って居る。

流され王の一文はあの当時色々の都合があって、既に自分の胸に浮んだだけの、事実のすべてを叙説することが許されなかった。それが次々に珍らしい新例を追増して来て、しかも今日は率直にその委曲をつくすことが、一段と困難な世柄になって居るのである。魚の物を謂い飯を食ったという話なども、気をつけて居る為か尚ぽつぽつと現れて来る。熊谷弥惣左衛門が稲荷として祭られた話の如きも、いつの間にか津軽の御城下まで遠征して居り、是と縁が有るらしき飛脚狐の記録に至っては、全国を通計すれば十余箇処にも及ぶであろう。是等は説き立てるに何の斟酌もいらぬことだが、其代りそれは唯同類の例が、まだ幾つかあるというだけの話で、自分は兎も角も他の人には少しくうるさい。全日本の巨人が岩や草原の上に遺した足跡は、魚にも植木にも見られぬような、大小の差異があり又成長がある。其中でもダイダラボッチの一群だけに、特に奇抜な形容があり又滑稽な誇張があるのは、中世関東人の趣味と気風とが、もうそろそろと今日の萌しを見せて居たのかも知れない。しかし其御蔭に此口碑などは、盛りが早く過ぎて辛うじて記憶を守るまでになって居る。之に反して所謂一つ目小僧様の方は、今でも年毎に武相の野の村を訪れて居たのであった。二月と十二月の八日節供の前の晩に、門に目籠を竿高々と揭げて、目の数を以て是と拮抗して見ようとしたり、もしくは茱萸の木を燃やし、下駄を屋外に出して置くことを戒めて、彼にその一つの眼を以て家の内を覗かれるのを避けんとして居る。そうして必ず様附けを以て之を呼ぶのを見ても、神と名けて居なかったというのみで、只の路傍の叢の狸貉などと、同一視しなかったことは明かである。毎日飛行機の唸って居る我々の青空も、今尚彼が去来の大道であったことを、つい近頃になって私は学び知ったのである。そういう無知を以てこの長々とした伝記を書いて見ようとしたことは、少なくとも彼一つ目小僧様に対して、恐縮の他は無いのである。

ただ幸いなことには自分はまだ、何とも相済まぬという様な断定はして居なかった。この一つ目の一篇には限らず、私の書いたものには悉く結論が欠けて居る。たまには斯うで無いかという当て推量を述べて見ても、後ではそれが覆ってしまうほどの、意外な新しい事実の顕われて来ることを、寧ろ興味を以て待構えて居るのである。しかし実際はそう大した反証というものも挙がらなかった。曽て私の提出した疑問は、今でもまだ元のままに保存せられて居る。二十何年もかかってそんな小さな問題が、まだ解けないとはおかしいと謂う人もあろうけれども、小さいということと問題の難易とは、少しでも関係が有りはしない。それに本当は小さくないのかも知れぬのである。何れにしても私の目的は、是が或人間の半生を費して、尚説明してしまわれない問題だということを、報告して置けばそれで達するので、もし尚注文を加うれば率直に物を訝かる心、今まで講壇の人々に措いて顧みられなかった社会現象は無数であり、それが悉く何等かの意義を潜めて、来り採る者を待って居るのだという希望、もしくは是を薪とし灯火として、行く行くこの無明世界の片隅を、照して見ることが出来るという楽観などを、能うべくは少しでも多くの人に、勧説して見たいと思うだけである。答も稲妻と雷鳴とのように、問との間が遠いものほど、大きかろうとさえ考えて居るのである。

但し是等の文章を公けにしてから後に、新たに集積した色々の資料だけは、正直のところ如何に始末してよいかに当惑をして居る。何れ索引でも設けて誰にでも利用し得るようにするの他は無いが、さし当りの方法として、一旦書いてあるものをばらばらに解きほぐし、新旧の材料を併せてもう一度組立てて見てはどうかというと、それではもう最初の日のような楽しみは無くなってしまうだろう。この始めて旅行をして来た小学生のような活潑な話し方を、今頃踏襲して見ることは自分には少し六つかしい。其上にこの各篇の中には、多くの故友のもう逢うことも出来ぬものが、卓子の向側に来て元気よく話をして居る。うちの娘たちも極めて稚ない姿で、眼を円くして一つ目小僧の話に聴入って居る。是に対して居る間は、私などもまだ壮者であり勇者である。

それを投棄てて現在の左顧右眄時代に戻って来ることは、理窟は無しに只惜しいような感じがする。だから古い形のままでもよいから、纏めて本にして置いたらどうかと勧めてくれる人々は、故郷の隣人のようになつかしいのである。

昭和九年五月

柳田国男識

民間伝承論

序

（『現代史学大系 第七巻 民間伝承論』共立社書店、昭和九年八月二五日発行）

1 民間伝承論は明日の学問である。一本の稚樹である。山に植えるか盆栽にするか、何れとも御互の心次第である。従うて祈願者は同時に予言者であり得るのである。

2 如何なる学問にも一度は幼稚時代があった。そうして多くの学問は既に年たけて居る。独り我々の民間伝承論のみが、今尚至って頑是ないのである。

3 だから人間の末子と同じ様に、外部には「好意の軽蔑」があり、内には又「謙遜なる無責任」とも名くべきものがあった。

是を一つずつ取払って行くことが、言わば此学問の成長である。

4 最近三十年の進況は、頗る前途を矚目せしむるに足るものがあった。
日本は此の学問の為に、未だ耕されざる沃野ではあるが、
諸外国の先蹤は予め既に其開発の道を講じてくれて居る。

5 三つの重要なる先決問題は、今や三つともにほぼ是に答えることが出来るまでになった。
第一には目的、即ち民間伝承の採集と処理に由って、果してどれだけの智識が添え得らるるかということである。

是は殆ど人類文化史の全般に及び得ることが明かになった。

6 以前我々が此方法に由って成果を収めた区域の、限られて居たことは事実である。
しかも所謂「残留資料」の得らるる以上、是を何れの問題に通用するも差支は無いのであった。

そうして其資料の多少は一に国柄の如何によることであった。

7 学問が実際生活の疑惑に出発するものであり、論断が事実の認識を基礎とすべきものである

限り、国の前代の経過を無視したる文化論は有り得ない。

多くの民間伝承は今まで気付かれざりしものの発見である。

過去の講説は総て之に拠って、今一度検査されなければならぬのである。

8
種々なる仮定は之に由って確認せられると同時に、誤れる在来の想像は事実の前に無力となるであろう。

少なくとも新たなる判断は、次々に之に由って導かれ得る希望が生れて来る。

所謂社会科学を「科学」たらしむるの途は、実験せられたる事実の増加と其整理より他には無い。

9
第二の問題は、範囲即ち現在は何とあろうとも、結局民間伝承の研究が、他の学問と相対峙して、どこ迄を管轄し得るかということである。

史学は近世に入ってまさしく其版図を拡張したけれども、尚其能力には窮する所があった。

其外側は直ちに他の色々の学問と続くべきである。だから中間に無主の空閑を残してはならぬ。

10
史学を中心として言うと、我々の学問は是は所謂補充の学であるが、記録文書の利用し得られる区域こそは、寧ろ甚だしく狭かったのである。

人生の問題の日に繁く、過去の不審の解説の益々要求せられると共に、新しい方法の来り援くるを必要とするべき場合は多くなった。

人類学はもと限られたる目途を以て世に現れたものであるが、今は此方法の全部を総括した名とするにふさわしくなった。

11 過去人生の痕跡の現代に存留するものに拠って、其実状を推断しようとする迄は、史学も人類学も一つである。
若し伝統ある名称を重んずべしとすれば、特に「文字の史料」を要とせぬ部分のみを人類学と名けてよかったのである。

此場合には民間伝承の研究は当然に此中に含まれることになる。文化人類学といい社会人類学という語は、要するに此見解より出でたる名である。

12 但しこの二つの名称は、精確に我々の民間伝承学とは一致して居ない。
其上に古くから独立して居る学問は、何れも努めて分界差別の論を主張せんとして居る。

故に新たなる総括と提携とは、分類対立以上に有意義である。

13 単なる成長の順序からいえば、考古学は特に形勝の地位を占めて居る。その新興の気風は確かに次に生れたる学問を誘導した。しかも是が為に自分も亦大に成長して、後次第に連合混化の実を挙げ得たことも亦争われない。

14 神話学と宗教史学との関係も是に近い。古典研究は行く行く新たなる文芸史学の酵母として作用せんとして居る。従来文書を以て主たる資料とした政治史の如きも、終には亦精確なる社会人類学の一章に要約せられる時代が来ようも知れぬ。

15 現に我々の眼前に於て、愉快なる発育の例を示したものは地理の学であった。民俗誌学は最も是と近似して、ただその新らしい形態に対して別の名があった。其の為に爰に無益の対立が現われんとして居るのである。

16 併し何れの科学でも、当初は小さな発見と個々の観測記述を以て始まらなかったものは無い。仮に其程度に於て自得する学者が昔はあったとしても、後次第に系統あるものに包容せられて、単に其事業の一部を為すに至るべきは自然である。

17 学問は統制せられなければならぬ。そうして終局には人道の完備に寄与しなければならぬ。割拠は要するに分担の一時的の形勢に過ぎない。今の多くの学者は此希望を忘れて居る。

18 しかも悲しむべきは人間の生涯の限られて居ることである。綜合せられたる人類学は、今は兎に角に個人の力には剰る。学問は要約せられ又索引の事業を伴なわなければならぬ。

19 それと同時に個々の分担者をして、各自の研究の意義を知らしむる必要がある。たとい或一隅の人知れぬ労苦でも、行く行く大きな智識の完成に寄与し得ることを覚らしめなければならぬ。従うて第三の問題とし分類をどうするという問題が起る。「分類」は我々の研究価値の意識の為に必要である。

20 民間伝承の学問は其起原が最も散漫であった。そうして職業としては発達しなかった。

ただ其為に特に各人の相互聯絡、協同の労作を高唱し得たのは幸いなことであった。

21 分担の方法は夙に定まって居る。
学会の任務は非常に重要と認められ、
更に又其大意を講説することが、最初の条件となって居たのである。

22 我々の分類は既に試みられて居る。
それは幸いにして国際的にも略一致して居る。
そうして各人の能力を最も有効に利用するようになって居る。

23 自分の分類案は日本を本位としたものだが、必ずしも従来の意見に対して大なる変更を加えて居ない。
大体に是を三つに別けることは自然である。
ただ名称と順序とが英仏独等の案と同じで無いだけである。

24 第一部は生活外形、目の採集、旅人の採集と名けてもよいもの、之を生活技術誌というも可。
在来の所謂土俗誌は主として是に限られ、

国々の民間伝承研究は通例之に及ばなかった。

25 第二部は生活解説、耳と目との採集、寄寓者の採集と名けてもよいもの。言語の知識を通して学び得べきもの。
物の名称から物語まで、一切の言語芸術は是に入れられる。
是が又土俗誌と民間伝承論との「境の市場」であった。

26 第三部は骨子、即ち生活意識、心の採集又は同郷人の採集とも名くべきもの。
僅かな例外を除き外人は最早之に参与する能わず。
地方研究の必ず起らねばならぬ所以。

27 前の二者とても独立しては完成せず。
現に許多の誤解を世に残して居る。
国が「自ら知る」必要は、特に日本の如き国柄に於て痛切である。

28 学問と道楽との差は、必ずしも之に由って衣食すると否とに由るもので無い。
我々は仮にこの短い生涯の更に数千分の一しか是が為に割き費し得ずとも、

それが偉大なる人間研究の片端であり、真理の殿堂の一礎石であることを意識することによって、明白に単なる遊戯趣味の生活と識別せられることが出来るのである。

郷土生活の研究法

郷土研究とは何か

（『郷土生活の研究法』刀江書院、昭和一〇年八月一八日発行）

現在地方に行われ、又しばしば諸君の耳目に触れる郷土研究という語は、名前だけは弘く知られ、且つ相応に古くなって居るけれども、よく視ると土地により、之に携わる人の種類によって、言うこととする事が可なり区々になって居る。一体全体どういう風に解し、又どういう事をするのが本筋なのかという疑いは、まじめに物を考える人の、必ず抱くべき疑いである。それと同時に、その郷土研究の目的は果して何であるか。それを実行することが、果して今日の更生運動に、直ちに何等かの便益をもたらすとでも云うので、其様に急務を叫ばれるのであるか。別の言葉で言うと、斯ういう国家多事の際にも、尚且つ御互いの努力の一半を、是に向って割くだけのねうちが有るかどうか。という疑問も亦諸君の胸のうちに、必ず去来して居ることと思う。私などは実は最初から、そういう熱さましが熱をさましたり、酒が飲む人の顔を真赤にしたりするような、速効の有るものとは考えもせず、又請合ったこともなかった。ただ早くから今日の如き時世の為に、此学問を以て予め備えて置かねばならぬということを唱えて居たのであるが、それがつい間に合わなくて泥縄になってしまったのである。泥棒をつかまえてから縄をなうのは滑稽なことに相違ないが、それでもまだ全然綯わないよりはましである。個人の一生などとはちがって、国家の生命には案外に余裕がある。時おくれだとは言っても、まだ今からでも新規に始めて、間に合わぬと迄は言い切れない。その上に現在は決して新規では無い。もう是でも大分に手が著いて居るのである。是を何とかして少しでも世の中の役に立つ知識にまとめ上げて御目に掛けたい、という念願を、誰よりも強く私は持って居る。そうして丁度自分の地位が中途半ぱであるだけに、大か小か近年の地方研究の、どの方面にも知合いがあり、又若干の関係を付けて居る。各地の調査事業の長処も呑込んで居れば、又弱点も少しは心得て居る。諸君は要するに要領を得なければならぬ人々である。くだくだしく説かれる必要の無い人でもある。この郷土研究に対して如何なる態度を持し、又将来如何に是を善用すればよいかを、知って居ればそれで沢山で、斯んな方面へあまり引込まれたくない人、つい面白くなり過ぎて深入りしては困る人も多かりそうに思う。そういう諸君に只あっさりと、此事業の社会的意義を説くことは、我々の為にも甚だ大切である。そういう話ならば私にも出来ると思って居る。

○

郷土研究の第一義は、手短かに言うならば平民の過去を知ることである。社会現前の実生活に横わる疑問で、是まで色々と試みて未だ釈き得たりと思われぬものを、此方面の知識によって、もしや或程度までは理解することが出来はしないかという、全く新らしい一つの試みである。平民の今までに通って来た路を知るということは、我々平民から言えば自ら知ることであり、即ち反省である。自分たちの事だけなら、何でもかんでも皆知って居るという自惚れはもう到底成立たない。なるほど考えて見ると其点も此点も今までは気付かずに居た。言われて見ると答えることの出来ぬ不審が幾らもある。改めて是から大いに学ばねばならぬという、至って謙遜なる心持から、出発して行くべき新たなる捜索である。平民の歴史は、実際に書いて残されたものが甚だ少ない。大多数の家々では、よほど物覚えのよい者でも曽祖父母の親の名までは知って居ない。何か特別に好い事か悪い事か、とにかく変ったことでもして置いてくれぬと、其存在が既にうろんになり、二代や三代はすぐに取りちがえて話をする。ましてや如何にして今ある屋敷に、今在るような家を興し、貧富さまざまの生活方針を立てて置いてくれたのかを、最も利害関係の深い者に説明してやることなどは、今迄の歴史では出来ない。我も人もただ一個の概念によって、過去の平民を知ったと思って居るだけである。人の心は各その面の如く、村を同じくする近隣の親爺同士すら、はや生活の流義を異にして居るにも拘らず、各自の親々の生活に対しては、誰でも千篇一律の、文学や講談に現われて居るような、きまり切った型しか考えて居ない。家につき又故郷に就いても同じことで、日本は地方的に久しく色々の異なる暮らし方をして居た国だが、是まで政治家などの頭にある村なり農家なりは、各人めいめいの限られたる見聞によって、一つの型をこしらえて、それが全国を代表するように思って居るのである。千差万別賢愚貧富の錯綜した今日の社会相は、そんな穀物の粒のような揃ったものの中から生れて居ない筈である。もとより其中にも一定の法則、因果の関係はあるであろうが、それも十分に調べ上げて見てこそ成程と言い得るので、人に教えられたり書物に述べてあったりすることが、すぐに自分々々の場合にあてはまるかどうかは確かでない。果して外部の先輩が説き立てるような法則が、我々各自の郷土にも行われて居るか否か、改めて自分の力を以て確かめて見るようにしたいというのが、私たちの仲間の計画であった。

○

そんな事を知ろうとしたとて判るものか。というのが古くからの平民の早い「あきらめ」であった。真率なる心の疑問を表白する者は、寧ろ世間を知らない少年ばかりであった。彼等の正直な質問に対しては、二通りの冷笑が今まではあった。其一つは「あたりまえじゃないか」。ちっとも当り前でない不審までも、答えられないとそう謂って撃退する。第二はもう少しばかり同情のある冷笑で、「世の中はそんなものなのだ」と謂って、しかもなぜそんなものなのかを説明せぬのである。不条理は答える者に在るのだが、二度も其問をくり返すと、すぐにわかり切ったことを聴くとか、あのやつは常識が無いとか言って、甲も乙もうなずき合い、自分たちは努めて空々として、一生を渡ろうとして居るのである。しかし心の底に潜む共同の疑問は、其為に消えてしまおう筈がない。だからたまたまたった一つの奇抜な解説が現われると、それが少しく乱暴に過ぎた独断であろうとも、又実証の無い受売り論であろうとも、兎に角に今まで少しも聴かなかった新らしい答だから、皆が皆之を傾聴しようとし、又忽ち之を信じようとしたのである。ゾラのルウゴン一族という小説の中に、或空想青年が貧しい労働者の家に来て、貧乏の原因を説き立てる場面がある。老いたる父も乳呑児を抱いた女房も、わからぬなりに自分たちの眼の前の問題だから、溜息をつき眼を見張って、一心になって其言葉を聴いて居る情景がよく描かれている。日本にも亦そんな時期が来たのである。是は誠に致し方の無いことで、百年も前から人の知識慾は既に目覚めて居るのに、無理に或種の答え難い問題を封じて置こうとすれば、袋はどこからか破れずには居ない。口を開いて正々堂々と出すものは出させ、入れるものは又入れなければならぬ。つまり平民史の攻究は、平民の強い自然の要求であり、いつかは与えずに居られぬ学問である。たとえ現在はまだ見当が付かなくとも、何とでもして方法を立てて、之を求め得られるようにしなければならぬ。況んや其方法は既に具わって居るということを我々は証拠立てることが出来るのである。是が追々と世に行われようとするのは些しでも不思議は無い。

○

歴史は独り微々たる平民の生活のみと言わず、何れの方面にもその要求が増して来て、過去に対する疑問は自由に起されるようになった。たとえば日本民俗の経歴に就いては、僅々三千年足らずの間の事が、少しずつ書き伝えられて居るに過ぎない。それより以前の出来事といえば、ほんの風説のようなものが残って居て、それも日向と出雲と天の国と海の国との交通というような話に限られて居る。其他の地域では奥羽はもとより、この関東地方の事でさえも、記録の上に名を出すのが又ずっと遅く、処によっては存在も認められて居ない。所謂有史以前にはそこはどうなって居たか。どんな人々が住んで何をして居たか。斯ういう疑惑が抑えきれなくなると、考古学という学問は盛んになって来る。書いた本などは一つも無いが、ここに大きな古墳がある。岡の崩れからは石器土器が出る骨が出る。それを使用した人々の、これは骸骨に相違ない。人が居れば物も食い、女房もあれば子も有ったろう。だから此辺にはアイヌか誰かが村を作って住んで居たのだなどと、大よそ我々の現生活と交渉の薄い、三千年も前のことでも、説明する人があれば聴いて悦ぶ人が居る。平民たちのもって居る疑問は、是に比べるともっと卑近な、其代りもっと適切なものばかりである。ほんの百年か二百年前の親々の生活ぶり、それが今日あるに至った事情のようなものが先ず知りたいのである。そうして之を知る為の遺物は山のようにある。骸骨では無くして生きてさえ居る。生きて居るのは昔の本物で無いというかも知らぬが、親が無くては子は生れず、子は皆先祖の形を追うて居る。彼等の今使って居る言葉も古物である。土中の土器石器が割れたり欠けたりして居る様に、言葉も久しい間にちょいちょい損じては居るが、尚且つ民族と不可分なる日本語だ。後に支那から又は亜米利加から、教えてもらったものは別として、残りは悉く斯邦の内に発生し、もしくは古くから有ったのばかりである。我々は是を用いて色々の事物に名づけ、又はその時々の状況動作を言い現わして居る。字引というものの助けを少しも借らずに、甲が使えば乙丙が直ちに其意味を会得し、是でことわざを拵らえて使えば皆が笑い、歌が出来て居て歌えば皆が面白がる。其言葉を文字に書き本にして残して置いたものが少ないというのみで、一度でも中断せずに連綿として伝わって居たという、証拠ならば幾らでも挙げられる。どの一つを拾い上げて見ても、過去の同国人の生活の痕を、留めて居ないという言葉は無いのである。それ以上に具体的なものは、衣食住の資料と用法、年中行事から礼儀作法等、さては郷土舞踊の演奏に至るまで、今見る人の行為は新らしいけれども、其底には以前からの型があることは、飯は何度炊いてももとの飯、蓑笠は毎年新たにしても、前の蓑笠の通りに出来るのと同じことである。是をどうして斯ういう風に伝わるのかというと、誰でも以前から此通りであったからと言う以外に、別の答えようも無い。つまり文化は継続して居るので、今ある文化の中に前代の生活が含まれて居るのである。文字に書いて残したものと比べて、史料としての価値がどれだけ違うだろうか。仮に一方は判を押した証文であり、他の一方は単なる形跡だけだから、同じに取扱うことは出来ぬとした所が、もしも書いたものが何一つ残って居らぬとすれば、第二の手段としてはこちらに拠るの他は無いのである。其上に書いた証拠というものは精確だと言っても、通例は一回限りの出来事を伝えて居るに反して、此方は今日何百千人というものが、時によると一日に三回も五回も、又は同じ季節にそこでも爰でも、くり返して見せてくれる現実の行為である。それを寄せ集め重ね合せて見れば、存在はずっと確かになる。斯ういうものを残された証拠として考えて行けば、行く行くは無記録地域の無記録住民の為にも、新たなる歴史が現出して来るということ、是が私たちの是非とも世に広めたいと思って居る郷土研究の新たなる希望である。

○

英人ウェルズの書いた世界史は、読んで見られた人も多分あるであろう。白人はこの地球がいよいよ円いということを知った頃から、頻りに人類史とか世界史とかいう書物を書きたがって居たが、是には希臘の昔からの一つの癖があって、いつもそういう大きな標題の下に、自分たちを中心とした知られて居るだけの事実を書いてよろしいという考が附纏って居る。しかし本当はそれは世界史じゃ無いという人が出て来ると、一言の弁明も出来ないのである。それで改めてこの世界は、人類の総体は如何に活き、如何に変遷したかを綜合して書いて見ようとなると、今はまだウェルズの著書ぐらいのものしか出来ないのである。此地球の表面には、今でもまだ文字を使わず、各自の言葉を書留め得ない人間が大分居る。本という語すらもたない民族がある。しかも其中には阿弗利加のバントゥのように、一つの大陸の運命を左右したものもあれば、中世の蒙古人の如く欧羅巴の東半分を席巻したものも居て、彼等の事業行動はただ僅かに敵人の記述のみが其片端を伝えて居る。文化に誇って居る白人の先祖とても、千年前までは悉く蛮民であり、彼等の辛苦経営も征服者の筆のみが之を録して居る。書いた歴史の一つも無いということは、何もしなかった証拠では無いことを、最も明かに示して居るのは日本の平民たちであろう。記録は入用が無ければ起らぬのが当然で、それが無いということは恥ずるに足らぬが、現に第二第三の方法によって、知れば知らるる機会が恵まれたにも拘らず、尚且つ自分たちの生活の過去に向って、何等の知識慾も抱かず、又は証拠の無い解説に満足して、もう其以上の発見を念じないような人が、一人でも有るうちは自慢が出来ない。現在にも歴史にも、胸の痛くなるような悲惨事は可なり多い。それが根原を尋ねて人間の無知、知って居らねばならぬことを知らなかった結果であることを、たった一つでも発見し得られる間は、まだ我々は学問の未来に、力強い信頼を繋けて居らねばならぬ。郷土研究の方面に殊に新たなる疑問の未だ答えられざるものが多いということは、私たちから見れば大いなる希望である。社会はまだ幾らでも賢こくなることが出来る。どうか諸君も其心持を以て、この学問の成長を観て居てもらいたいと思う。

附記　この講演の聴衆は、主として地方の教育者、又は指導階級の人々であった。しかし将来直接に此事業に携わろうとする者には、この対外的解説的語調が、却って又一種別様の印象を与えることと信ずる。故に之を以て序文に代える。

産育習俗語彙

序

（『産育習俗語彙』恩賜財団愛育会、昭和一〇年一〇月三〇日発行）

小児が初めてこの人生に御目見えしてから、いよいよ一人前として世の中へ出るまでの間、一家一門一郷の人々から、どんな待遇を受けるのが普通であるか。むつかしい言葉でいうならば、小児の社会上の地位や如何。是を我々は大切な問題にして居ります。国により又時代によって、この通例というものにも、幾つとも知れぬ相異があったようであります。書物を読んだだけでは、精確なる知識の得られないのは当然でありまして、それを補う手段としては、現実に今も各地に行われて居る風習を究め、その比較によって先ず近世の移り変りを、明かにする必要があるのであります。この方法を試みる為に、最も簡便なる目標は用語であります。我々はそれを成るだけ数多く集めて見て、全国の離れた隅々に一致し又類似して居るものが、中央の或る区域にぽつんと一つ現れたものよりは、古い形態であろうということを、考えて見ようとして居るのであります。是が追々に積み重ねられますと、後には可なり重要なる事実が、発見せられることとは思って居りますが、それには何分にもまだ資料が足りませぬ。どうかこの小さな一巻を御読みになって、多少の興味を御感じになる方々が、そういう話ならば此方にもあると、たった一つの事でも御報導下されることを念じて居ります。此の類の知識の何倍かに増加した上で、もう一度此の本は書き直すのであります。我々どもも始終なお心掛けて行こうと思って居ります。

愛育会の目的として居られるのは、斯ういう新たなる知識を遺憾無く利用して、国の児童の幸福を、出来る限り豊かにしようという点に在るかと思います。我々どもは又単に此等の事実に拠って、人が人生というものをどういう風に観じて居たかを、明かに知るのを詮として居りまして、動機は必ずしも一つとは言われませぬが、この毎日の平凡なる社会現象の中に、人を教え又考えさせる貴とい知識の埋もれて居ることを、認める点は双方同じであります。是を一部の研究者だけの独占とせずに、弘く人類社会の繁栄を念ずる人々の、共通の問題にしようという態度も、異なる所は無いかと思います。即ち私たちの側から申しますれば、兼々心がけて為し遂げたいと思って居た仕事が、幸いにして愛育会の御役に立とうとして居るのであります。今度の材料は最近の十数年間に、書物や雑誌に公表せられた我々の友人、又は未知の地方同志者の採集記録から、要点を拾って抜書きして置いたものであります。努めて其の功績を没せぬ様に、又必要があれば原文に就いて、詳しく知ることが出来る様に、一々出処を掲げて置きました。その材料を分類し整理し、大よそ読み物の形に書き直したのは、橋浦泰雄氏の労力であります。十分注意しても尚免がれなかった意味の取りちがえ、又は一部の脱落などは、それぞれの土地の方々に、もう一度よく見て訂正をしていただきたいと思います。是と名が同じで内容の異なる場合、或は事柄はよく似て居て、名称の丸でちがうという様な例を、他の郷土の読者からも、数多く寄せられんことを切望して居ります。

昭和十年九月

東京市外砧村

柳田国男

日本民俗学研究

開白

（『日本民俗学研究』岩波書店、昭和一〇年一二月五日発行）

昭和十年七月の末から、八月初旬にかけて一週間、日本民俗学の第一次の大会が、日本青年館の講堂に於て開催せられ、各地方の同志約百五十人が是に参加した。当時事情があって列席し得なかった人々、及び我々の事情と抱負とが、如何なる種類のものであるかを知ろうとする人々が、等しく此記録の公刊を希望して居られる。そうして我々にも亦之に由って、汎く国内有識者の批判を求めんと欲する若干の意見があるのである。会を企てた趣旨と動機は、次の開会の辞が一端を述べて居るから、之を序文に代用する。その会同の効果と雰囲気は、個々の筆記が或程度までは談って居ると思う。単なる一篇の記念の書の如く、認められずんば幸いである。

この民俗学大会は、自分ども年来の宿願であり、又中々実現し難い大望でもあった。全国同志諸君の是だけ広汎なる支持を受けることが出来れば、もう此学問は永続を保障せられたも同様であり、又世話人たちの是だけ熱心な協力さえあれば、その同志の糾合を期することも、必ずしも困難でないという迄はわかって居たのだが、奈何せんそれを断行する程の決心がつかなかったのである。もしも私が満六十歳になったということが、躊躇して居た人々に其決断の機会を供したとすれば、人が老い且つ衰えるという最も平凡なしかも不愉快な事実にも、尚少しばかりの社会的効果はあったということになるので、其意味に於て私は僅かなる満足を感じて居る。

それよりも遥かに我が意を得て居るのは、今度の大会に於ては、我々講演者が先生で無いこと、その大部分が諸君と同列の人であり、仲間であり又将来の永い友人でもあるだろうということである。自分の知る限りに於てでも、諸君の中には、我々の多くの者よりも前から、既に日本民俗学の必要に着眼し、知識の集積を始められた人が幾人かある。たった一つの例を挙げて見るならば、私などがまだ郷土生活の比較研究を、南方諸島に押拡げることを知らなかった以前、即ち明治大正の境の頃から既に沖縄や奄美大島に関する豊富なる知識を貯え、頻りにこの問題の興味と必要とを、説き聴かせてくれられた人が、伊波普猷君以外になお一人あって、現にその方が今日の聴講者の中に列して居られるのである。勿論私などよりも文字通りの先生である。自分等は単にやや便宜の地位に在って、その後も引続いて余分の時を是に費し得たというのみで、言わば是までは諸君に代って、各自の分担区域を比較的細かく、看て居たというに過ぎぬのである。我々の研究は最初から共同のものであった。諸君は常に是を自分のものの如く考慮し、批判し増補し成長せしめらるべきである。斯ういう風になって来なければ、国に必要なる学問は興隆しない。

先生が満点で是に盲従する者が九十五点、些しく自説のある者は八十点というような、今日の伝習制度の下に於ては、たった一人の曲学阿世が出ただけでも、もう其一方面の学問は萎微しなければならぬ。そんな気づかわしい傾向を防制する為にも、我々の同志だけは、少なくとも自由なる意見の交換をしなければならぬ。それには殊に似つかわしい聴講者であり、又講演者であると私は思う。

最近僅かな期間の趨勢から推して考えても、日本民俗学のやがて大いに成長するであろうことはほぼ疑いが無い。我々はただこの根本を保護し、又其幹を傷けぬだけに、愛惜すれば則ち足るのである。将来の繁茂はもう是を自然に一任して置いて十分だと思う。三十年五十年後の普通人の常識は、或は現在御互いの持って居るものの総和よりも、ずっと大きくなって居るかも知れない。しかもその為に種播き灌漑した我々の功労は、聊かも小さくはならぬであろうと信ずる。時代がまだ是だけしか教えてくれなかったのである。我々は唯この許されたる境涯に於て、相互に助け合うて出来るだけ賢こくなればよいのである。近世の歴史を回顧すれば、人がただ単に賢こくなかった為ばかりに、受けずともよかった災難を忍受した実例は無数にある。是を未来に向って避け防ごうとするには、出来るだけ多数の人々が志を一つにし、文化科学の可能性に信頼して行かなければならぬ。今回の大会はまさしくその練習の一つの好機会であると思う。強いて一流一派の見を立てて、之を押通そうとする運動かの如く誤解する人は、先ず我々の方法なり仮定なりの非を指摘しなければならぬ。何となれば我々は従来他人の説を傾き聴いて、幾度も自説を改訂しつつ進んで来た者であるからである。

各府県の同志諸君が、斯うして一堂に集まって来て、互いに今まで考えても見なかった自他の郷土の事実に心づき、乃至は其知識と問題とを交易せられるということは、私にとっては名状すべからざる悦びである。暗示と啓発とは無限であろうと思う。色々と勧説を試みたにも拘わらず、三重、宮城、島根、香川、福岡等の重要な数県から一人も参同者を得なかったことは残念であるが、しかし在京学生諸君の中には、多分是等の地方から、出たばかりの人も若干は居られることと思う。願わくはそれぞれの郷里を世話人に通知し、座談会の席上では成るべくは各自の土地の学問をも代表せられんことを希望する。是が私の開会の辞である。

昭和十年七月三十一日

柳田国男

地名の研究

序

（『地名の研究』古今書院、昭和一一年一月一八日発行）

始めて自分が日本の地名を問題にしたのは、この本の中にもある田代軽井沢であった。田代がどこに往っても可なりの山の中にばかり在る理由が何かあるらしく思われたのが元であった。算えて見るともう其頃から、優に三十年を越えて居る。三十年もかからなければ一冊の本も出せぬ様な、大きな研究項目では勿論無い。寧ろ余りに小さく且つ煩瑣なる仕事であるが故に、多くの人が是に入って見ようとしなかったのである。私は境涯と資性と、共に恐らくは誰よりも之に適して居ると信じたので、さまでの努力を要せずに自身衆に代ってこの労務に服せんとしたのであるが、それでも尚中途幾たびとなく休息し、又往々にして決意の撓むことを免れなかった。今頃是くらいのものを纏めて世に問うことは、少なくとも内に省みて自ら責むべきもののあるを感ずる。

我々の仲間では、問題解決の主要なる動力の、いつでも外に在ることを認めて居る。如何に不退の熱心を以てじっと一つの不審を見つめて居ようとも、未だ時到らずして依拠すべき若干の事実が見つからない限りは、その疑惑は尚永く続かなければならぬのである。各人の刻苦の効を奏する途は、練習によって出来るだけ敏活に、必要な知識の所在を突留め、又その一片をも無用に放散せしめず、それぞれの役目を果さしめるより他には無い。そうして此間に於ける学問の楽しみは、不十分な資料に由って仮に下したる推断が、後日之を検してまさしく其通りであったのを知ること、及び問題を愚痴雑駁なる附随物から切離して、最も簡明又適切なる形として、他の同志に引続ぐことに在るのである。自分などもただ是を温かい日の光と仰いで、広い野外に独り働いて居たのであるが、年を取るにつれてこの心持が少し変って来た。まこと此問題が次に来る日本人にとって、必ず究明せられねばならぬ好い問題であるかどうか。今日の仮定説の果してどの部分が、中らなかったねと言って笑われることになるのであろうか。それが段々と心もとなくなって来るのである。此際に当って我が山口貞夫君が、自身この『地名の研究』の全篇を精読せられたのみならず、之を総括して改めて世に遺すことを慫慂せられ、更に其整理校訂の労までを引受けてくれられたことは、自分としては抑制し能わざる欣喜である。望むらくはこの少壮地理学者の判断と趣味が、やや多数の新時代人と共通のものであって、必ずしも好む所に偏したものでなかったことを、此書の寿命によって証明するようにしたいものである。

地名は数千年来の日本国民が、必要に応じて追々に且つ徐々に制定したものである。其趣意動機の千差万別であるべきことは始から誰にでも判って居る。それをアイヌ語ならアイヌ語の、ただ一側面ばかりから説こうとすれば、仮に論理は誤って居ないにしても、尚脱漏があり又強弁があることは免れない。私の地名解は年数が永いだけに、自分の知識の色々の段階が干与して居る。或時は旅行で得た直覚、又ある時は方言や口碑の比較の間からも暗示を得、中には又文庫の塵の香の、芬々と鼻を撲つものも無しとしない。前後に幾多の態度の矛盾があるが、それは又地名発生の至って自由なる法則とも相応して居る。其上に根本に於て、是を設けなしたる人生が、終始裏附けをして居るという一点だけは、忘れぬように心掛けて居た。その人生を明かにすることが、実は地名を研究する唯一の目的ということも、見落しては居らぬつもりである。だから一部分の失敗によって、此巻の全部の意義を、揺がされるような懸念は無いと思って居る。郷土の昔の姿を知ろうとする人々には、前駆者の蹉跌も尚一つの経験となるであろう。従うて著者は決して満幅の信頼を期待しては居ない。寧ろ犀利なる眼光を以て、此書の弱点を指摘せられる読者の、出来るだけ多からんことを熱望して居るのである。

昭和十年十二月

柳田国男識

山の神とオコゼ

（『山の神とオコゼ』寧楽書院、昭和一一年八月一日発行）

序

此書巻頭のオコゼの一文は、私の第一回の九州旅行から獲て還った、最も愉快なる家苞《いえづと》の一つであった。又オコゼかと友だちが笑うほど、逢う人毎にこの話をして見たけれども、私たちの仲間には珍らしいと思う者すら無かった。其うちに紀州の南方氏だけが、前から此問題に気をつけて居られることがわかったのである。二つの大きな事実を此際に始めて私は学んだ。その一つは人生にはまだ説明どころか、発見もせられて居ない問題があること、次にはフォクロアが追々に、是を我々の安全なる知識に、化せしめようとして居る事であった。それから以後の二十幾年間に、第一の実例は数限りも無く積み重ねられた。そうして第二の立証はというと、なお遠い未来に属するものばかり多いのである。所謂一寸の山神オコゼの刺は、いつまでも私を刺戟してやまない。

今頃ただ是だけのものを書物にすることは、言わば自分の無能を公表するようなものだが、以前の雑誌類が夙く珍本になって、容易に人の目に触れず、或は新たに私の希望と失望とを、くり返す若い人が無いとも限らぬので、是に興味をもち保存をして置こうという者のあるを幸いに、有る限りの零細なる資料を掻き集め、更に鈴木棠三君の熱心を利用して、別に未到の地を捜索してもらい、大よそ順序を立てて一巻に纏めることにしたのである。

我々の期待する効果は極めて小さい。単に或夜の山小屋の話題を、僅かばかり豊富にすることが其一つである。山で年経たる老翁の言葉の中にも、なお耳を傾けて聴くべき新知識が、残って居るということを感ぜしめることが又一つである。我々の学問が全国同志の協力によって、たとえ少しずつでも前の方へ、推し進めて行かれるということが認められるとしたら、それはもう望外の余得といってよいのである。しかも二十数年の未熟なる忍耐に比べて、最近半年の鈴木君の活躍が、遥かに大きな収穫を挙げ得たという事は、一つの転回期を暗示して居る。われわれの研究はもっと積極的でなければならなかったのである。それを猟夫が間伏に立つ如く、進んで求めるの途を講ぜずして、ただ待ち明かして居るうちに、時は空しく過ぎてしまった。徒らにオコゼの呪法を頼むべき時代でなかったことを、却って此問題が我々に教えてくれたのである。兎に角に我々は一つの獲物を追い起した。それを完全なる山の幸とする迄の間、せこはなお続けて走りまわらねばならぬ。それがちょうど又此書物の任務である。

昭和十一年七月

柳田国男

昔話採集手帖

昔話を愛する人に

（『昔話採集手帖』関敬吾共編、民間伝承の会、昭和一一年八月一〇日発行）

一、この小さな手帖の目的は二つ。その一つは、日本に今残って居る昔話の、主要なものといえば大よそどんなのがあるかを、出来るだけ手軽に人に知らせようとすることで、何れも例は一つしか挙げてないが、全国に亘って五箇所十箇所に、既に採集せられて居る話ばかりを載録する。そういう話なら私も聴いたことがあると、いう人の出て来ることを予期して居る。たったそれだけの事実を書入れてもらうだけでも、もう手帖の役目は一部分果したことになるのである。

二、しかし第二の目的の方に、勿論私たちは重きを置いて居る。即ちもう一度其話をしてくれた人、又はよく知って居ると思う人に聴いて、出来るだけ精確にそれを書留め、他日自分も見、又よその者にも読ませる為に、此手帖の白い部分を利用してもらうことである。それには斯うした個々の昔話の題目の標示と、其荒筋の記述とが、相応に労を省くことであろうと思う。同じ箇条はこの通りと書けばよし、ちがう部分だけを我土地では斯ういう風に話すと、番号でも打って書込んで置けば、それで用は足るからである。一つの昔話を細かく味わいたい人には、或は別に此順序で全部の記録を作る必要もあろうし、それも結構なことではあるが、多くの話を集め且つ綜合的研究をしようという者には、斯うして行かぬと能率が挙がらず、又是だけでも十分に効果を収め得るからである。

三、昔話の蒐集は、単なる個人の趣味としても、之を試みる価値はあると思うが、なお是が世の為また学問の為に、どれだけの利益があるかを知ってから、取掛った方が張合いがある。我々は国の内外二つの側面から、昔話を書残して置く必要を感じて居る者であるが、人によっては其理由のただ一つだけで、もう十分に是に関心をもつことが出来る。理由のおもなるものを列記して見ると、先ず国内に於ては、

イ、昔話は、前代日本人の数乏しい娯楽の一つであり、兼て大切なる教育方法でもあった。我々の想像力は是に由って成長し、智能と情操とは是に由って大いに養われた。その永い年月にわたったた社会的影響は、昔話そのものの中からでないと、今はもう之を窺い知ることが出来ない。

ロ、多くの昔話は千年以上、或はもっと大昔から続いて行われて居る。従って其中には現代で

ない物の観かた、考え方及び信仰が幾らも遺って居る。殊に無名の平民や女子小児の内部生活などは、ただ之に由ってのみ伝えられて居ると言ってよい。

ハ、古い昔話は土地の事情、又は時代の要求につれて、少しずつは常に改造せられて居る。それがどう変って来たかは、方々の比較によって判るので、即ち日本人の趣味と感覚、及び文芸能力とも名づくべきものが、この変化の上に可なり鮮明に反映して居る。それを詳かにする手段は、昔話を味わう以外にはあまり多くないのである。

ニ、昔話の中には、曽て我々の祖先の信じ且つ神聖視して居た物語が、やや形をかえて保存せられて居る。その新旧の分子の厳密なる選別によって、上代の信仰生活が此方面からでも、少しずつ明かになって来る見込がある。

ホ、昔話は其土地々々の人の耳に、少しの註釈も無しに直ぐに解るような言葉で話されて居る。従って地方の物言いをわきまえたいと思う人には、之を聴くことが単語などの採集よりも、何層倍か役に立つ。即ち所謂方言研究の、最も有効なる手段の一つである。

四、一方に昔話蒐集の、国際的意義も亦甚だ大きい。西洋では諸国に此学問がもう余程進んで、今は専ら東方の各民族、わけても特徴の多く、且つ色々の古風を保持して居る日本の昔話の、世に現われることを待って居る。というわけは領土の遠近、人種の異同や文化の高低には関わらず、不思議に全世界の昔話の中には類似又は一致が多く、しかも其理由は実はまだ明かになって居らぬからである。それを尋ね究める肝要の手段は、もっと沢山の資料を未知の国から集めること、殊に我邦の様に前代からの経過が、捜せば見つけられる国の昔話を、湛念によく調べることで、それ故に我々の国内の研究が、予め大いに期待せられて居るのである。日本では近世数百年の間、殆ど何等の外からの干渉を受けずに、独自に自分の昔話を守り育て、又之を発達させて来た。この国限りの次々の変化を無視して、直ちに今ある形を以て、他民族のものと比較するのは無理である。故にどれだけ豊富なる好い資料を抱えて居ようとも、人を教える前には、先ず以て自ら学ばねばならなかったのである。是は独り昔話の歴史だけで無く、国のあらゆる特質に就いて皆其通りなのだが、兎に角今までは外人に対して、自分もよくは知らぬ事を教えようとする嫌いがあった。そういうことをすれば後で訂正が必要になるから、無駄でもあり又損でもある。

五、我々の採集すべき昔話の範囲は、もう世界的に大よそきまって居る。単に昔の話だから皆昔話というわけでは無い。そういう古い言い伝えも、出来るならば集めて置くのはよいが、それを我々の昔話と、一緒に採集しようとすると混乱を生ずる。我々の昔話の名の起りは、其発端の第一句に、必ず「昔ある処に」、もしくは「むかしむかし」とか、「とんと昔あったそうな」とかいう言葉が、附いて居るからそういうので、つまりは一種特別の形を以て、授受せられて居た説話ということである。だから古くは是を昔昔の物語と呼び、今でも土地によっては「昔話」、又はただ単にムカシとも謂って、他の種類の話とは明かに区別して居る。もとより内容にも可なり明かな特徴はあるのだが、それを一々突留めてから、採集するのでは手数が掛かる。故に私たちは専らこの外形のちがいを、押えて行こうとするのである。

六、外形の特徴はこの発端の一句の他に、誰にも気のつく点がもう二つある。その一つは終りの一句に、是も型にはまった言葉が附いて居ることで、東北ではドンドハラヒ、九州ではコレバッカリ、中国ではコレッキリ等、大体に「もう是でおしまい」という意味が多く、或は之を改造して笑話などの場合には、一種剽軽な囃し詞にしたものもある。現在としてはもう必要も無い宣誓だから、却って其起原を考えさせる手掛かりとなるのである。第二の注意すべき点はその各句の終り毎に、必ず「あったそうな」か「げな」か「という」かを添附して、話者が内容の真実を保障せぬ態度に出て居ることで、是は夙に此種の説話が文芸であり、空想の所産に過ぎぬことを明かにして、誤って之を信ずるものを防ごうとした、親切であろうと私は思って居る。とにかくに是ほどまで外形の上に気をつけて、仮にも他の類の話と混同せられぬようにして居たものを、別途に取扱わなかったらそれは我々が悪いので、古人の知ったことではないのである。

七、斯ういう外形を具足した昔話というものは、同時に其内容の側から見て行っても、各地方の間に大よそは構造が一致して居る。之を集める人に際限も無い労苦を掛けるほど、そう沢山の種類は無いのである。人によっては二百も三百も、昔話を知って居る様に評判せられる者もあったが、それは同じ話の少しずつちがったものを別々に記憶し、或は近頃出来たこまかい笑話などを、昔話の形で語って居るに過ぎない。古くから伝わって居るものは、日本の如き豊富な国でも、列記も出来れば分類も可能な位しか、無いものと私たちは考えて居る。それで此手帖には、其中の主要なものを百種だけ並べて、是で先ず一通りの採集には役立つと思うのであるが、勿論昔から昔話が、是だけしか無かったというのでは決してない。従って内容のやや理解しにくく、もしくは時代の趣味に合わなくなって、はやく人望を失って消え去ったものが、偶然に或土地或家にばかり、保存せられて居た場合もあれば、同じ一つの話が極度まで変化して、今ではもう別の話に算えた方がよいのもある筈であり、現に我々の分類表に載せて居るだけでも、まだ此以外に数十はある。それも右にいう三つの外形の特徴を具えて居る限り、ついでに採録して置くことは結構で、それを多少の関係ある各項の終りに記入し、又は巻末の余白に別に掲げて、保存せられるならばきっと世の中の役には立つ。ただそういう未知の昔話が幾らもあり、それを発見して人を驚かせ得るという様な予期の下に、新らしいものばかり念掛けて居ると、毎度うそ話や作り話に騙される危険はある。是を十分に警戒してかからねばならぬのである。

八、うその昔話は東北ではウソムカシとも謂って、もとは児童にまでも嫌われて居た。童話の創作などが流行する世になると、是を当然と思う者が多くなり、又少しずつは技術も進むので、騙される懸念は前よりも大きくなった。是も社会の興味ある新現象と言えるだろうが、少なくとも民間伝承の学徒が、之を本物と思うことは損害である。だから私が製作したと明言するのは問題の外として、其作り話を古来の昔話と思って、採集して来ることは防がなければならぬのである。採集家の経験が只少しく加わりさえすれば、話者の人柄や眼つきからでも、其真贋は直覚し得られると思うが、その以外にも鑑別の途は幾らもある。第一に余りに珍らしい話は用心してよろしい。個人が案出し又は組合せたものは、如何なる全国の片隅からでも、又再び出て来る気遣いは無いからである。但しそう言って居ると、折角稀に残った真成の昔話を、逸し去る虞れがあると思う人は、暫らく問題として別に保存し、他日もう一度同じ話者から、同じ話を聴出して見ればよい。うそであったら必ず前後の話の差異が見つかる。出たら目は先ず本人が覚えて居ないのを常とするからである。それが何度でも同じことを言うとすれば、少なくとも偽作は別人の所業で、当の話し手はただそれを信じて居たに過ぎぬのである。斯ういう作り話は近世の職業話術者の間に、可なり数多く試みられたようである。学問上の価値は昔からの昔話に比べて遥かに劣るが、ともかくも多数が之を支持し、且つ流布して居たのだから採録して置いて差支えはない。

九、採集の手柄は昔話の古くしてうぶなもの、即ち後世の改訂増補の少ないものを見出すほど、大きいということを心得なければならぬ。大体に昔話を聴く人と機会とが、時代につれて変って来た結果として、新らしいものは段々と短くなり、又滑稽化して行く傾向が著しい。笑話の分子は可なり古くから、或は最初から具わって居たのかも知れぬが、もとは長い話の変化をつける為に、ところどころに挿まれて居たのが、後々その部分のみを切離して、ただ一場の笑いを博せんとする風が流行し、それも目先をかえる為に奇を競い、誇張が烈しくもなれば、卑猥な例が激増した。斯ういう種類の昔話だけに、特に興味をもつ人のあったのも不思議は無いが、彼等に知らせたいのは是が多くはごく新らしく、しかも全国の津々浦々まで寸分ちがわぬ話が弘く行渡って、実は珍らしくも無く又比較をして見る甲斐も無いということである。大体に忙しく働いて居る成人たちの、僅かな休み時間に楽しみ聴く話の、気が利いて手短かで且つ笑わせるものは、たやすく記憶せられ又遠くへ運ばれて行くのが当り前で、是と家庭の幼ない男女に、爺婆が語って聴かせる昔話とは、本来系統が全く別であった。たとえば此方では又あの昔々をと、同じ話を何度でもせがんで聴いたに反して、前者は聴衆の半以上が既に知って居ると、少しは知らぬ者が居てももう中止をする位に、初耳を重んじ、蒸し返しを忌んで居たのである。従うて少し気転のきく者は中途からでも、之を改作しようと努めるに反して、他の一方は前とちがって居ると聴く子供が承知をせぬ。又話し手としてもそれだけの勉強はせず、且つそうする能力も無い。古い伝承を探るという立場から言えば、両者何れに多くの注意を払うのがよいかは、多弁を費さずして明かなことである。

一〇、しかも近世以来の小話や笑い話とても、丸々の新工夫に始まったと認められるものは至って少ない。大抵は長いまじめな本話が前にあって、人は其中の特におかしい部分、もしくは稍纏まりのある挿話を、引離して別に玩賞して居たものが、次第に修飾され誇張せられて数多くなり、後々是ばかりが盛んにもてはやされることになったのである。だから話は此方が概して短かく、又折々は同じ昔話のうちとは思われぬほどに、変化して居るものもあるのである。我々の仲間では、仮に斯ういうのを派生説話と名づけて居る。是が近世の僅かな歳月の間に、日本全国の端から端まで、運ばれて行った事情は研究の値いがあるだけで無く、古風な昔話が此形に遷りかわって来た歴史にも深い興味があるが、何分現在のものは南も北もあまりよく似て居て、馬鹿聟団子話という類のものは、殆ど知らぬ土地も無いという状態なので、折角自分ばかりで珍らしがって居ても、少しく採集を進めると、誰でも一度はがっかりしてしまうのである。それ故に我々は若干の派生説話だけは、最初から寧ろ気軽に取扱うようにして居る。世上最も著名なる狂歌咄や秀句咄、その他のおどけの話の此手帖の中から、除いてあるのはわざとである。是等は比較研究の今少し進んだ後に、げらげらと笑わぬ人の、しんみりした考察を必要とするものである。

一一、昔話の分類ということは、可なり大切なことだが、今はまだ定まった説が無い。この手帖の順序は、大体に私の分類案に依ったもので、それも決して最善のものと信じて居るわけでも無いが、仮に利用者の心覚えの為に其大要をいうと、私は昔話を右に謂う派生説話即ち小話と、それの元になって居る完形説話、一名「本話」との二つに分け、本話の中でも特に古いままの形であろうかと思うものを前に出して居る。主人公男女の誕生と婚姻、継子や末の子の成功という様な、身元素性に特に力を入れて説くものを第一類とし、運とか心掛けとか勇気とか智恵とかによって、めでたく立身する話を其次に置いて居る。勿論斯ういう原因も二つ三つと複合して居るが、其間にもおのずから成長の順序があって、化物退治とか頓智の言葉という様な話は、至って尋常の農夫や旅商人の逸話のように伝えられて、前後を切離してそこばかりを説く形が、よほど又所謂派生説話に近く、誰の眼にも此方が後に出来たことがわかる。それで、此部分を第二類としたのだが、是でもまだ終りはめでたしめでたしで、本話の条件は具えて居る。

一二、派生説話と私のいうものにも種類が幾つかある。日本では仏教の影響の多い因縁話、又は固有の信仰と結び付いたかと思う妖怪談などの若干が、此中に算えられるようであるが、それ等よりも一層世界的なのは、笑話即ちおどけ話と、鳥獣を主とする動物の話とである。笑話にも起りの頗る久しいものがあるけれども、動物譚の方が更に素朴幼稚で、又外国との一致点が多い為に、学者によっては是を昔話の最も古い形だろうという者がある。私だけはそれを承認せぬのである。そこで仮に其部分だけを別にして、笑話やおばけ話の後に置き、是も五大御伽噺などと謂われる猿蟹合戦と「かちかち山」を終りとして、巻頭の桃太郎に対立せしめてある。子供は一続きのようにして記憶して居るが、昔話の種類としては、どの点から見ても端と端とのちがいがあるのである。

一三、但し今日我邦で昔話だと思われて居る口碑の中で、この自分の分類のどこに入れてよいか、ちょっと決定に迷うものが五つ六つ、有るということだけは認めなければならぬ。是が本来は昔話として生れたものでないのを、いつの頃よりか同じ形でただ話して居たのか。もしくは是も一種独立の派生説話であるのか。はた又もう少し考えて見たら、どれかの部門に編属することが出来るものか。行く行くは是非とも之を決しなければならぬ。熱心なるこの手帖の利用者は、決して此集に見本が無いという理由を以て、その採録をさし控える必要は無い。寧ろ私たちの分類を完成せしめる為に、出来るだけちがった型の「昔話」、即ち我々が始末に困るようなものを、巻末の余白に書留めて置かれることが望ましい。ただ其中には往々にして昔話でないもの、もしくはあまりに有りふれて比較の必要の無いものがまじり、最後の編輯には削られるものが、あり得るということを承知の上でなければならぬ。伝説と昔話とは、形の上から見れば全く別なものだが、昔話という語の意味が不明になった結果、是をも一つに見る人は多いのである。

一四、最後に採録の様式に就いて一言すると、私たちは目下之を四通りに分けて、甲乙丙丁の何れかに依ることにして居る。甲式は理想型で、話者の語る通りに、方言には解釈を附して、其ままに筆記したもの。是はその当の話者がやはり甲式に、聴いた通りを守って居ると、認められる場合でないと価値が乏しい。彼が自分の趣味才能で、勝手に作りかえ話しかえて居たとすると、甲式はつまらぬ徒労に終るのだが、村に住んで居る老人殊に老女には、そんな作為の力のある者は幸いに尠ない。少しは疑わしい部分があっても、其部分だけは注意符を附けて、甲式に採録するのはよいことである。ただ其筆記は即座で無いと困る。ずっと以前に聴いた話の記憶を、自分の言葉でくだくだしく書いたのなどは、採集とは我々は見ないのである。斯ういう場合には筋を明かにするを主とする、乙式に依るのが至当である。そうして其中の肝要な文句、たとえば桃太郎の「一つ下され」の如く、耳について消えない部分のみが、残せば残して置く価値があるという迄である。この採集の贋ものは、現在でも可なり我々を悩ませて居る。それでも判るから警戒をして居るものの、もし巧みであったら危険な資料になるのである。第三の丙式というものはこの手帖の様に、一つの標準説話が掲げられた場合に役に立つ。即ち右手に載せられて居るものを読んで思い出し、自分の記憶とちがった点だけに番号を打って、ここは私の方のは斯ういう風にかわって居るということを、明示する方法である。子供の時から多くの昔話を聴いて居て、今は採集にも一寸出られぬ人などが、此手帖を利用するのは是でなくてはならぬ。又実際是を読むことによって、思い出す場合も甚だ多いのである。或る一つの郷土の住人の為に、昔話集を編輯する場合なら別だが、そうで無ければ採集の報告も、この三つの式を併用する方が、労と日数とを省いて便利である。既に他の地方で記録せられて居るものを、知りつつわざわざ重複させるのもつまらず、又そうする為に兎角文才などが働かせたくなるのである。それからもう一つ丁式の記録というのも、話は聴いたことがあるが内容は忘れたという場合の外、あることだけは確かで、良い伝承者にぶつからぬという時に、之を用いることは学問上の利益である。詳しく聴けないからとて存在をも無視するのもよくないが、もっと困るのは破片や誤伝を忠実に録することで、時には却ってよい話を埋没させることにもなる。だから捜査の案内の為に、あるということだけを明かにして置く丁式も亦大いに必要である。

一五、昔話の研究は、弘く全国の同志が協力しなければ、到底人文科学の一として完成する見込は無い。それ故に私たちは此手帖が、出来る限り数多く利用せられ、且つ互いに其成果を示し合うことを理想として居るのだが、それには丙式の方法によって、閑人で無い諸君の、相次いで参加し得られるようにするのが何よりも必要である。しかも昔話に関心をもつほどの人ならば、ちっとは自分の楽しみになる様な記録もして置きたいであろう。私たちの勧めたいのは、其中の特に愛着多きものを乙式で成るだけ簡明にまとめ、更に此話ならばと思うものだけを、最初から用意して二つか三つ、最も忠実に甲式で書いて見ることである。そうすれば土地の以前の話法も保存せられるが、勿論是には出たら目を言わぬ伝承者の、特に得意として居るものを選ぶことが肝要である。聴取りの日時と話し手の氏名年齢と場所を書いて置くことは、此意味からして欠くべからざることなのである。もしも我々の学問を精確にする志を伴わなかったら、斯様な手数は無用の扮飾ですらも無いであろう。

一六、なお今一つだけ、附添えて置かねばならぬことは、此本の百の昔話の標題が、悉く日本のどこかの土地で、現実に用いられて居るものばかりだということである。同じ一つの話が人によって、色々の名で呼ばれるということは、比較の上に不便であるが故に、私たちは早くから、そういう中で一ばん簡潔な、且つ印象的なものを採用して居るのであるが、稀にはまだ幾分か当らぬものもあり、又追々にもっと好い名が、見出されそうな気がする。是は後の人が改正を提案して、異議がなかったら更えて行ってよかろうと思う。新規にこしらえることは混雑のもとだから、勝手な名を附けることは見合せたい。そうして土地に以前からある名ならば、よい悪いに拘らずすべて採集して置く様にしたいと思う。題の中にもやはり古い気持が伝わって居るかも知れぬからである。この以外にも採集に臨んで決しかねる問題があるならば、此手帖に関する限りは、努めて御相談に応ずるようにしたいと思って居る。「民間伝承の会」には、もう此方面の研究を分担する者が幾人も出来て居る。

昭和十一年七月二十日

信州随筆

小序

（『信州随筆』山村書院、昭和一一年一〇月五日発行）

この砧村の家へ遷って来てからの九年間に、いろいろの雑誌に発表した文章の中で、読者に信州の人々を予期して居たもの、十余篇を集めて一冊の本にする。随筆とはいうけれども、題材に既に偏倚があり、その取扱いに自分の流義があり、更にほぼ此等を一貫した時代観と、信濃を知る者の友情とがある。実は私は是以上の手重なる方法を以て、勧説するだけの必要は認めて居ないのである。此地の学問の前途は、此地をして自ら選択せしめるがよろしい。そうして我々は年来の経験によって、夙に信州が一世の機運に、些しでも後れて居る土地でないことを知って居るのである。

私たちの参加する方面でも、その小さな実例は幾つか挙げられる。たとえば飯田は国外にもまだ知られない山間の一都邑であるが、ここでは日本に幾らもない民俗叢書の出版が、数年前から計画せられ、又着々と実行せられて居る。地方の文化事業の中では、印刷が最も振わない一つであった。明治の初年までは尚各藩時代の余勢を受けて、見事な刻本を世に供したこともあるが、それが過ぎてしまうと忽ち火が消えたようで、どんなつまらぬ案内の類でも、大部分は東京に頼むことになった。まして一国の書として永く後年に保存すべきものに、地方の名を冠するなどは絶対に望み難いことに今はなって居る。ところが常人の生活誌のように、資料も利用者も共に地方に在って、しかも最初から需要が乏しく、時日を過ぐれば愈々貴重となるべき書籍の如きは、之を中央の大量生産の機関に、托し得られる道理が無かったので、僅かに運のよい一二の好事家が、雑誌新聞の断片の中から、拾って貯えて置くという様な情ない状態の下に、この重要なる国風の推移期を、何等纏まったる観察も無くして、通り過ぎて来たのである。飯田が私の家と縁の淡い町であり、叢書が又別途の研究部門に属する場合でも、尚この地方文化の解放運動に対しては、身に応じた声援をせずには居られない。まして此事業の、半分は私の知りたいと思って居ることを教え、半分は特に我々の明かにしたいと念じて居た過去に、新たなる側光を投げ掛けるものであった。だから私は何の躊躇も無しに、悦んで加盟を約諾したのであるが、果してこの微々たる信州随筆の一著が、その声援の効果を奏するかどうかは実は甚だ心もとない。内にも外にも此仕事の完成に対して、まだ色々の難関があるからである。

柳田という家は今から二百七十年ほど前に、野州の東隅から殿様に随従して、南信へ入って来た者の末である。代々子供が少なくて分家は一戸も無く、おまけに大半は江戸に出て住んで居た。現在の族員には、一人として国で生れた者は居ない。故郷という言葉の真の意味を考えて見るのに、必ずしもかの山間の水を飲み、かの土産の穀物を以て身を養って居たからと、いうのみでは無いらしい。私の家には新古さまざまの因縁があって、人はひまも無く信州と来往し、悉く此地方の言葉を理解し、又その言葉の負搬する感覚なり思想なりを、あらましは理解して居る。しかも其間には一部の利害の、固守しなければならぬものが無い故に、いつもこの巨大なる集団が、団として如何に歩んで居るかということを顧念するより他の能は無かったのである。昔も幾つか出て居る信濃の家苞とか、信濃漫録とかいう記念の書と比べて、信州随筆がもし何物をか附加えて居るとすれば、それはただ私の家の立場、乃至は私がやや信州を理解して居る為であって、当代最も重宝がられる愛郷心なるものの、作用でないことだけは告白しなければならぬ。信州の学徒は文章講演を愛し、又表現の能に長じて居る。彼等もし志を立てるならば、県外に柳田の如き者を五十人百人、作り上げることはそう困難でない。ただそれには先ず地方の文化事業を改造して、中央瞻望の弊を矯め、少しは信州以外の人も悦んで読もうとするような、地方の文献を守り立てなければならぬ。徒らに隣家翁の歎賞を博して、能事了れりとするような郷土研究を、揚棄してしまわなければ国は朗かにはならない。学問の本旨は要するに利他であり、郷土を研究の対象とすることも、ただ少しばかりふくれた利己主義に過ぎないからである。

昭和十一年九月

柳田国男

国語史新語篇

（『国語史新語篇』刀江書院、昭和一一年一二月五日発行）

序

この二篇の拙文の中間には、二年余りの日数があり、採集資料の若干の増加があり、従って又少しばかりの考え方の変りがある。当初自分は人生の新語需要というものを、幾分か単純に見過ぎて居た。新らしい事物や観念のまだ適当な表わしようの無いものと、有って何かの拍子に忘れて居るものと、有るのは知って居るけれどもそれでは物足らぬか、又は相手を誤らしめそうな懸念のある場合とだけに、誰かが言葉を造ってそれが世に行われるのだと思って居た。無論この三通りの入用の大きいものであることは、今とても疑っては居ない。又強いて弁ずるならば、それから後に気づいたものでも、この三つのうちの何れかに入れられぬことはない。しかし本当はまだ考えて居なかった点が多いのである。歌謡辞令の特殊の約束から、何か新らしい好みを掲げようとする以外に、人が時あって変化そのものにも興味をもち、単なる形の長短や音の組合せ、乃至は聯想のおかしさなどに心を惹かれて、斯様にまで気軽に色々の新語を、受入れようとして居たことは知らなかったのである。是が当世に入って一段と其勢いを長じ、或は才分ある者のわざ競べとなり、もしくは軽薄でしかも遅鈍なる者の、盲従とも口真似ともなったのは自然で、悲しむべき今日の乱雑状態にも、言わば培わるる本の種はあったのである。この流弊と闘うの途は、第一次には是までの行掛りを知ることである。それが幸いにしてはっきりと判れば、必ずしも指導者の頓悟を待たずとも、大衆自身の力でも、警戒して無益の動揺を避けることが出来ると思う。人はどうあるか知らぬが、我々の歴史を修めようとする動機は、是より外には無いのである。自分一箇の限りある智能を以て、それが十分に為し遂げられぬと感じた場合、いよいよ熱心に其希望と可能性とを主張する必要がある。本書は乃ちその一つの試みである。

昭和十一年十月

柳田国男

婚姻習俗語彙

序

（『婚姻習俗語彙』大間知篤三共著、民間伝承の会、昭和一二年三月一〇日発行）

この事業の着手は、昭和三年の春であった。自分は史学会の例会に出て行って、我々の方法の可能性と必要とを説く為に、例証を我邦婚姻習俗の変遷に求めようとした。此方法に依るに非ずんば、現在各地の慣行の異同が、全く解説し得ぬであろうのみならず、以前明白に我々の間に在った事実が、如何なる経過を取って改まり動いたかの、歴史をすらも明かにし得ず、従って新たにこの二種の知識を以て、将来の計画の参考とするには、民間伝承の学に信頼するの他無きことを述べて、先ず大体の承認を得たのであった。其講演の全文は殆ど原形のままで印刷せられて居る。翌年十月に世に出た故三宅博士古稀記念論文集に、聟入考と題して載録せられて居るものが即ち是であるが、案外にまだ多数の目には触れて居らぬようである。当時私が此意見の論拠として、使用した国中の事実は、実を言うとまだ本編に採録して居るものの四分の一にも充たず、しかも多くは又聴きの、精確を保し難い筆者の手を経て居た。それればかりの資料を基礎として、たとえ断定はしなかった迄も、あれだけの主張を試みたのは大胆に過ぎて居た。全く採集の無い幾つかの地域にも、ほぼ比隣の又は同じような環境をもつ土地と、似たる風習が有るものと推測して見たり、或は証拠のまだ得られない端々の問題に就いて、多分は斯うであろうという想像を逞しうした部分もある。幸いにして後日の反証によって、訂正し又自責しなければならぬ点は無いようだったが、あの時もしこの事実を知って居たら、もっと明晰に話をすることが出来たのにと、思うようなことは無数にあった。私たちの仲間では、斯ういうのを未熟の果実をもぐと呼んで居るが、とにかくに発表と調査と、順序が全く逆であったことを、認めざるを得ないのである。

しかし誰にも恐らく経験が有る様に、斯んな不安な講演をした御蔭に、急に婚姻の習俗に関する私の注意は鋭敏になった。そうして又興味も深くなった。世上にはまだ何程も、大切な資料が落ちこぼれて居たのである。『旅と伝説』はこの熱心に動かされて、昭和八年には婚姻習俗の特輯号を出してくれ、全国の意外な隅々から、詳しく其地の現状が報ぜられた。一方私個人の手で、三四年の間に拾い集めた郡誌方言集類の、信じてよい資料もよほど集まり、同じく八年の初頭に『人情地理』と題する三号雑誌に、之を整理分類して掲載し始めた頃には、もう既に本編の資料のほぼ四分の三ほどが、私のカードには入って居たのである。雑誌の潰れたのは今から見ると損失では無かった。もし続いて居たならば、あの程度の常民婚姻資料を以て満足して、私はもう外の興味へ転じて居たかも知れなかったのである。

大間知篤三君の協同は、この際に在って非常に有効なものであった。事実私の根気ははや可なり衰えて居た。同君は之に反して、新たに是等若干の印刷物を精読して、発案者以上に此事業のプランに通暁し、それから更に進んで有る限りの私の蓄積を写し取り、是を系統立てて一巻の語彙に、組立てる役目を引取ってくれたのである。この提携以来又既に三年余りになる。資料のそれからの追加は、大部分が大間知君の労苦であった。是を一々消化して適切なる個所に利用したのも同君の判断である。両者の分担を明かにすれば大体右の通りであるが、自分は最初の立案者として、又大間知君の自由手腕の信頼者として、総括的に責任を負うて居ることは勿論である。ただ無為にして人の功を奪わんとする者でないことを証明したい余りに、是をほぼ完成に近い一巻の書に纏め上げた人の誠実と苦心とを、小さく評価し過ぎることを懼れて居る者である。

是は少しく身辺の私事に渉るが、自分の家には成長した子女が数名ある。それが聟入考出現の頃から、ぽつぽつと縁に就いて半以上安住の地を得て居るが、親として此間に苦慮し決断しなければならぬ大小の問題が無数にあった。それに対しての最も力強い助言者は、ちょうど折よく手を著けて居た、前代文化史の此部面の知識だったのである。学問は生活の実際上の要求に役立たぬ様では、始める甲斐が無いとまで思って居る自分には、少なくともこの範囲に於ては言行の一致を見たのである。日本民俗学の必要と可能性が、やや過分にまで適切に立証せられたのである。嬉しいことには相異ないが、其代りには学問の動機の卑近さを、見縊られる懸念も無しとしなかった。ところが大間知君の場合は全然別であった。満足すべき婚姻生活は既に開始し、家にはまだ呱々の声が無い。乃ち第一の問題は夙に立派に解決し了り、第二の問題はまだ遠く地平線上に在るのである。その中道に在って人の為、又弘く人世の為に、欠くべからざる参考資料を明確に整理し、出来るだけ容易に利用せしめんとするのである。たとえ分担の量目は均等だとしても、之を提供しようという素志に至っては、著しい価値の差を認めざるを得ない。そうして之を正直に告白することが、亦協同者の義務であると思う。

昭和十二年一月

柳田国男識

分類農村語彙

緒　言

（『分類農村語彙』信濃教育会、昭和一二年七月一日発行）

地方の言葉は、近頃の郡誌方言集等に採録せられて居るもの以外、人類学雑誌風俗画報以来、自分が携わった幾つかの定期刊行物までの中に、散見して居るものの数も相応に多い。是を出来るだけ寄せ集めて、整理し又比較して見たら、どういう結果が現われるであろうかということは、久しい前からの同志者間の話題であったが、日増しに仕事が大きくなるので、つい是に着手する勇気が出なかった。今度は愈々必要に迫られたによって、前には先ず産育習俗と婚姻習俗との語彙を公刊し、第三次としてこの分類農村語彙を出すことにした。農村語彙という中でも、是は専ら生産に関する用語のみを、ほぼ其順序に従うて排列して見たもので、尚此外に消費生活に伴なう語彙があり、村の組織に就ての興味ある多数の単語も纏まって居る。前年農業経済研究という雑誌に発表した農村語彙は、五十音順に此等各部の語を雑載したものであったが、量に於ては却って今回のものより少なく、且つハ行までで中絶してしまった。もしこの様式を以て乙丙丁の分類語彙を出して見たならば、我々の学んだ言葉の数が、僅かの歳月の間に二倍三倍して居ることが明かになるであろう。

しかも一つの言葉を新たに知り、正しく記述するというは決して軽少なる労苦では無い。殊に書物の上には使用せられず、又往々不精確に言いかえられんとして居る百姓の語を、注意し紹介しようとした諸君は、並以上の同情と理解力とを、持って居る人でなければならぬのである。そういう篤志家の功績を蔭のものにしてしまうことは、自分としては誠に本意に背くのであるが、能う限り印刷を簡易にして、一日も早く利便を学界に頒つが為には、是も亦止むを得なかった。他日全体の日本民俗語彙を纏め上げる際には、必ず何等かの方法を以て、この共同の事業に参与した人々の名を、明かにしなければならぬと考えて居る。

次には採集地の問題であるが、是は資料の性質を明かにする為に、至って大切な点である故に、村名は之を略いたが、郡島名は努めて記入して置くことにした。事実の直下に細注したものが皆それで、何れも郡誌類方言集又は雑誌の報告などに、印刷せられて居るものに拠ったのであるが、その一々の出処は、自分を信用ある者として、之を掲げることを見合せた。ただ原文が複雑であり又有益であって、読者に一読を勧めたいものと、多少の疑念があって責任の全部を私が負い難いものとだけは、特に書名と雑誌の巻号とを表示してある。御断りをしなければならぬことは、採集は多くは偶然であり、従って一つの事実が或郡或島にあるという記述は、其他の土地には無いという意味では絶対にないことである。自分は寧ろ周囲隣接の郡島にも同じ事実あるは固より、時としては遠く離れた他府県にも、偶然の一致は有り得ることを予想しつつ、ただ其中の突留められた一二例だけを、明かにして置こうとするのである。それから今一つは、注記せられた郡島内にも之を忘れ、又は初から知らぬ人があるだけで無く、時には全く別の言葉を使って居ることも有り得る。自分はただ少なくとも其地居住者の若干が、そう謂って居るということを保障するのである。そんな事実は無いということを明言する人も折々はあるが、それは個人の殊に郷里を出て居るものに、到底許される断定では無いのである。

ともかくも自分の語彙にはすべて根拠がある。少しでも報告の心もとないものは、暫らくそっとして置いて第二の資料の出るのを待ち、いよいよ確かと判って始めてこの系列に加えることにして居る。単に偶然其人だけが知らぬということを以て、誤謬と断ずることは差控えてもらわなければならぬ。此書が代表して居る調査区域が、まだ全国の三が一にも及ばず、調査にも亦精粗の差が著しく、従って遺漏脱落の多いということは、それは自らもよく承知して居る。しかし少なくとも利用者に対して受合うことの出来る二つの点は、ここに掲げた約二千の農村語は、何れも我邦のどこかの地に於て、誰かが現実につい最近まで用いて居たものだということが一つ、次には今ある幾つかの普通の字引の中に、是はまだ日本語として掲載せられて居らぬものだということである。この第二の点は一々に就いて確かめるということは出来ないが、大よそ心づき又は気になる限り、悉く自分の手元にある辞典によって、いやしくも内容の略同じものは皆削り棄てて、説明の重複を避けることに努めた。是は直接本書とは交渉の無いことだが、今ある多数の辞典は何れも互いに他人の書いたものを切貼して居る。しかしこの分類農村語彙だけは、新たに今ある知識に附加することを本意とし、たとえ些かでもよその字引に既にあるものを、借りて来て量を増そうとはしなかった。それで居てもう是だけの大きなものになったのである。

勿論すべて皆誰かの知って居る知識であって、編者には何等発見の功労があるとは言えないが、少なくとも本で学問をして居る都市の人々は知らず、田舎に住む者の多数も亦、互いによそに在ることに気付かなかった。国全体から見ると大部分は新たなる収穫であった。こんな簡単な又有りふれた事実をも知らずに、是まで一廉の物を言って居た人が、多いということ迄は争われない。さて是だけのことが国内の公有知識となった暁、我々の人生観はどう変って行かねばならぬであろうか。自分は経国済民の論議に、過去の精確なる歴史の欠くべからざることを痛感し、在来の農村史が史と称しつつ実は臆断であって、しかも改良の手段に乏しかったことを経験して居る。新たなる文字以外の史料、記録以外の現前の事実に基いて、その歎かわしい弱点がどれだけまで補強せられ得るであろうか。その試みの第一歩を自分等は今踏出そうとして居るのである。後世この志を嗣ごうとする人たちに、たとえ幽かにでもこの方法に見込があり、目的は決して間違って居なかったということを、承認せしめることが出来たら、自分等はそれで満足する。完全はもとより発願者の企て得る所では無いのである。

昭和十二年四月

柳田国男識

増補版解説

（『分類農村語彙 増補版 上巻』東洋堂、昭和二二年五月三〇日発行）

民俗語彙の集成ということは、二十年来の私たちの計画であるが、内外くさぐさの事情が、今まで実現をおくらせて居る。これも幾らかでも容易にする方法として、農村語彙という類の分類集を出し始めたのだけれども、是さえもまだ十種しか本にはなって居らず、しかも追々に増補すべき箇条が多くなって来た。分類農村語彙の第一版は、今からちょうど十年前に、信濃教育会の好意によって千数百冊を刊行し、主として県内の会員に読んでもらおうとした為に、一般への頒布は最初から僅かなものであった上に、我々は、又程無く改修の機会が来るものと予期して、紙型の保存さえもしなかったのである。今となって考えると、もっと早い頃に思い切って、第二版を出して置けばよかったので、其支度も実は整って居た。これが今日は名を聞いて捜しまわる人が多く、古本市場では法外な珍本扱いを受け、一方我々の書棚にあったものまで、焼けたり借りられたり、いつの間にか見えなくなってから後に、この出版界の最悪の状況の下に、やっとのことで世に送るようになったということは、新たな色々の故障によるとは言いながら、ともかくも甚だ気の利かぬ話であった。

編者としての私の経験に依ると、語彙は之をまとめて書き上げてしまった当座が、最も多くの追加資料の見つかるときなのである。これは恐らく興味の集注と、細かな異同に関する記憶の鮮明な為であろうが、この農村語彙なども、本になってから後三年ほどのうちに、もう新たに得たノートが、以前の三分の一ほどもたまって、前集の欠点ばかりがしきりと気になって、しかもこれに手を入れて居る時間が、どうしても得られぬので私は悩んで居た。倉田一郎君は別に職業があり、私以上に多忙な人であるが、若いだけに夜分の仕事が出来る。其上に年久しく東西の各地を巡歴して、農村の生活に親しんで居り、興味も或は私以上に深いかと思ったので、代ってこの増補版を纏めてもらうことにしたのは、たしか昭和十六年の春頃のことであった。当時の打合せをここに明記すれば、順序は大体に初版の型を追うこと、資料は主として私の集めたものを用い、たまたま是に洩れたるは加えてほしいが、もしも解説が此方と異なるような場合には、必ずもう一度話し合ってからきめる。つまりは私の立場に統一するということであった。それから今一つは、記述が単調に流れることを避けて、出来るだけ読物の性質を持たせるように、字句の使用に骨を折ること、是は辞書にはやや無理な注文のようだが、自分で筆を執ったものは出来るだけこの方針に依ろうとして居る。改めて全編に目を通したらば、稀には本意に反する点も無いとは限らぬが、是だけは最初の約束だから、守られて居るものと信じ、従って自身手を下したのでは無いけれども、この程度には私が責任を負うのである。しかし是だけの本文を書き上げるということは、勿論なまやさしい労苦でない。殊に戦中の慌ただしい生活に於て、仕事を持ちあるいて著々と効を挙げられたことは、永く感銘すべき倉田氏の熱情であり、それが空襲その他の怖ろしい障碍によって、いつまでも日の光を見ずに居たというのは、まことに本意に反したことであった。しかし要するに是も時代の悩みである。行く行く此事業の相当な効果を見ることによって、せめてもの慰藉を得るより他は無いと思う。

日本の建て直しは、地方から始まるということは定説のようだが、その方式についてはまだ何人も一致した予想が無い。是も結局は、民意が之を決するのであろうが、少なくとも知って居らねばならぬ事実を知らぬ人々に、音頭を取らせることだけは危険である。農村語彙などは、ただ其事実の一端に過ぎぬけれども、少なくても是が知識欲の出発点、同時に又我々の無知を自覚する、一つの機縁となるべきことだけは疑われない。以前は農村に生を営む者の限り、之を常識として人生を思惟し、又社会の将来を想定し企画して居た。烈しい世変を中に置いて、この常識の糸筋が今や断たれんとして居るのである。従って私たちは、之を自称指導者等の警策として役立たせる以前に、先ず村々の生活を続けて居る人たちの、自省の具として利用せしめたいのである。一つ一つの村の言葉などは知らずにしまってもよかろうが、是を繋ぎ合せて来た年来の物の見方、又は、活き方ともいうべきものを離れては、外来の浮浪者と択ぶ所が無いのである。まとめて総体を見せるということが、分類農村語彙のさし当りの趣旨であった。そうして、我々は是を国全体の民俗語彙に、推し及ぼさんとして居るのである。

昭和廿二年四月

柳田国男

葬送習俗語彙

序

（『葬送習俗語彙』民間伝承の会、昭和一二年九月二〇日発行）

数多い諸国の方言集の中でも、葬礼に関する用語の採録せられたものは至って少ない。やはり平生之を口にする者が無いので、かかって調べようとする人でないと、知ることが出来ぬのかと思う。郡誌の風俗の部には、折々葬列の様子などを詳しく記したのもあるが、是にもその前後の家々で守って居る慣例を、注意したものが一向に見当らず、現に所謂両墓制の如く都市と農村と、新開地と旧来の居住地との間に存する、最も顕著なる制度の差異が、近頃になって漸く我々の仲間の問題として、考えられ始めたものも多いのである。中代以前にあってあれほど大切であった喪屋の生活、火と食物の上に厳存した忌の拘束、是と各自の経済的要求との相関、現在は殆ど常識の如くなって居る墓地点定の個人主義が、行く行く此国土を石碑だらけにしてしまわないかどうかの疑問等、一つとして今日明かになって居る歴史知識というものは無いのである。それよりももっと根本的なものは、死後に関する我々常人の考え方、今はこの世に住まぬ国民と、その血を受け継いで居る活きた人々との連鎖、永い久しい血食という東洋思想は、果して変化改廃無しに今も続いて居るか、或は既に凡俗の間にすらも、消えて痕無くなろうとして居るのであるか。斯ういう痛切なる全社会の問題までが、たった一つの我々の方法によって、僅かに解答を将来に期し得るのである。故に現在の資料はまだ決して豊富ではないけれども、寧ろ調査者の興味を刺戟せんが為に、この程度に於て一応の整理を試みる。幸いなことには他の色々の習俗とちがって、葬儀はその肝要な部分が甚だしく保守的である。喪家が直接に其事務に当らず、之を近隣知友に委托する為に、後者は専ら衆議と先例に依って、思い切った改定を加えようとしないからである。其結果は村と村との間に著しい仕来りの違いがあると共に、意外な遠方の土地にも争うべからざる一致があって、或はこの特色によって、土着の新旧を想察せしめる場合さえあるかと思われる。西人謂う所のフォクロリズム、即ち進化段階の比較と綜合とが、最も力を施し易い領域であり、この実験の収穫は必ずしも一個葬送習俗の沿革を明かにするに止まらず、更に他の幾つかの複雑なる問題に応用することも出来るかと思う。今回の編輯も前の婚姻語彙のように、大間知篤三君が主として其労に任ぜられたが、是に用いられた資料の大部分は、自分の十年以来の集積であった。曽てこの約五分の一を、宗教研究という雑誌に掲載したことがあるが、我々の趣旨と方法とを、尊重する者が少ないので継続しなかった。日本の宗教研究なども、斯ういう国内の事実の認識を、せめては外国学者の所説と同一程度に、重んずるようになったらよかろうと思うのだが、其機運を作るだけの力が、私たちの仲間に今まではまだ備わらなかった。是が永遠の国の学問の姿ではなくて、ただ単なる一過渡期の状態に過ぎなかったことを、やがては立証する日の到来せんことを希うの他は無いのである。

昭和十二年八月

柳田国男識

禁忌習俗語彙

（『禁忌習俗語彙』国学院大学方言研究会、昭和一三年四月一五日発行）

序

我邦では現在イミという一語が、可なり差別の著しい二つ以上の用途に働いて居る。極度に清浄なるものは祭の屋の忌火であるが、別に或種の忌屋の火は是に交わることを穢として避けられる。忌を厳守する者の法則にも、外から憚って近づかぬものと、内に在って警戒して、すべての忌で無いものを排除せんとする場合とがある。斯様に両端に立分れて居るものだったら、最初一つの語によって之を処理しようとするわけが無い。以前は今よりも感覚が相近く、且つ其間にもっと筋道の立った聯絡があったのではあるまいか。この問題に疑を抱き始めてから、既に自分でも驚くほどの年数が過ぎて居る。素より外国の学者の研究に、参考になったものも色々と有るが、彼等は自分の国にこの事実は持合わさず、いつでもよその種族の及び腰の観測に依って、意見を立てなければならなかった上に、仮に根源の世界一致を認めるにしても、個々の国民が経由して来た千年の発達を、まだ全く知らないで仮定した説なのである。果して物忌が彼等謂う所のタブーであるか否か。是からして先ず第一に盲従し難い。日本人自身が今はまだ、忌のどう変遷したかを知って居ないからである。

或は今日は時期がもう遅い。是から尋ねて見ようとしても、資材は滅び失せたものが多かろうとも考えられる。しかし我々に知りたい念慮のある限り、そうして他には試むべき手段が無い限り、やはりこの途を踏んで行くの他は無いのである。私は前代諸大人の解説から、許多の貴とい啓示を受けて居る。その独断に失望しなければならぬ場合は寧ろ少なかった。しかしこの指導に心服し又確信する為にも、やはり今一度是を実地の事実に就いて、新たなる検討をして見ることを、安全なる手順だと信じて居る。そういう意図を以て集積して見た資料が、乏しいとは言いながらも若干の量になった。是を整理し排列して居るうちに、是までは全く懸離れた二種の現象のように見えたものに、少なくとも双方の歩み合いが、幾分かは跡付けられるようになって来た。橋がこの間に架かるのもやがてであろう。そうすればこの二つのゆゆしい習俗を作り上げた根本の物の考え方、即ち固有信仰の特色ある外面が、今よりはずっと明瞭になって、単に国内の先輩の慧眼を立証するに止まらず、或は一歩を進めて世界の異なる諸民族に、相互を理解する態度方法を、改良せしめる手引ともなるかも知れない。まだ成功はして居らぬが、希望だけは確かに生れたと思って居る。

我々の資料の一方に偏して居るのは、まだ今まではこの学問に志す者が、数も少なく隅々に立分れて互に援け合おうとしなかった結果であるが、最近は事情が又よほど変って来た。程なく他の地域のもこの空隙を充すような事実が、保存せられてあるものなら次々に報告せられて、多分は自分等の仮想の幾つかが、当って居たことを保障してくれるであろう。誤謬を刪除することも同じように大切である。我々の任務は不精確を精確とし、将来の理論に安全なる基礎を供するに在るのだが、残念ながら今はまだ事実が足りない。差当っての此本の目的は、此点に看る人が心づいて、そういう慣習ならば爰にもある。もしくは此点が違って居る。或は又この説明をした人がまちがえて居るという類の通信を、追々と『民間伝承の会』に寄せられんことを求めるに在る。斯んな微々たる片田舎の事実が、集めて学問の用に立つとは思わなかったと、感ずる諸君は今でも多いことと思う。それがこの不完全なる集録の狙い所であり、同時に又日本民俗学の前途の光である。

昭和十三年二月二日

柳田国男

服装習俗語彙

序

（『服装習俗語彙』民間伝承の会、昭和一三年五月二〇日発行）

僅か是ばかりの語数を並べて見ただけでも、もう我々に心づくことは、今まで一切の記録に書留められて居なかった国民服装の変遷というものが、案外に大きかったということである。それを現在まだ隅々に残って居る事実の比較によって、よほどの部分までは明かにし得る見込があること、しかも其知識は単なる歴史的興味というに止まらず、いわゆる生活改良の意見を立てたがる人々にも、是非とも持って居てもらいたいものが多いということも、段々にわかって来るような気がする。どうして又此様な大切な資料が、少しも利用せられずに今までは棄ててあったかというと、それは此方面に最も縁の深い人たちが、遠慮をして口を出そうとしなかったからである。そうして又書物を読む以外に賢こくなる途は無いかの如く、考えさせられて居たからである。御蔭で日本の衣服の問題などは、どちらを向いて見てもまだ真暗である。斯ういうたった一本のマッチを点したような仕事が、役に立つというのは決してうれしいことでない。私は早く各家庭の常識が豊富になって、寧ろ此本の無用となる時を待って居る者である。

しかしこの中間の時期に於て、特に我々の興味を惹く事実も幾つかはある。男子が主として干与した事項、たとえば建築の語彙などと比べて見ると、衣類の名目は一般に可なり大雑把である。同じ一つの言葉が弘い区域に亘って行われ、しかも土地毎に少しずつ、物はちがって居るという場合が甚だ多い。形容詞の方言などにも、是は屢々遭遇する現象であるが、新語が内容の分化に応じて次々に造られて行かなかった結果である。又各地の間に申合せが無い為に、甲乙互いに異なった一部面へ、其使用が偏よって行くことになるのである。殊に衣服の場合に於ては、男が技術の細々とした点にうとく、婦人は又おとなしく男の用語を許容して、用さえ弁ずる限りは之を改訂しようともしなかったかと思われる。染屋や布売りの専門の人たちが出現して、急に流行を運ぶ様になってから、新たに生れた言葉の多くなったのを見ても、彼等が小児や若い男たちの如く、大きな関心を異名新語を作ることに持って居なかったことが察せられるのである。国語変遷の歴史を考えて居る人々に、是は慥かに新らしい興味であるが、語彙の編纂者などは其為に余分の難儀をする。たった二箇所や三箇所の実例によって、意味が明かになったと思うことが出来ぬからである。誰しも自分の小さい頃から、知って居る通りを正しいと思う故に、よその異なる解説を訂正しようとするからである。テッポやツッポというようなつい近頃の言葉までが、比べて見ると土地毎に、ちがった意味に用いられて居る、ツヅレやドンザという類の辞典にある語でも、今までそれに気が付かなかったというだけで、人々の胸に描く絵は別々なものが多い。しかも其根源は大抵は一つだったのである。それを後に生活の便宜にまかせて、物は改良を加えて置きながら、名前は元のままで其移動に任せて居た故に、いよいよ全国的にその意味と系統とを明かにしようとなると、大きな手数が掛り又誤りを生じ易いのである。是を怠慢と評しては同情のない話になるが、少なくとも今後女性が此問題の為に、沢山働いて埋合せをするだけの、義理があるぐらいには考えて居てもよかろうかと思う。

しかし一方には又御礼を言わなければならぬこともある。国語の改良が此方面に於て、甚だしく不活潑であった御蔭に、古い色々の言葉が幸いにして残って居る。我々の服装は材料なり製法なり、又之に対する考え方なりに於て、殆どあらゆる他の生活様式を飛抜けて変化している。僅か三百年五百年ばかり前の、常人の出立ちを思い浮べて見ようとしても、今ある歴史知識では先ず出来ない。従って芝居にも小説にも、絵そらごとが横行して居るのである。もしも言葉が是に随伴して、さっさと新らしくなってしまって居たとしたら、もう我々は上代とは縁切りだったかも知れぬ。ところが男たちは苦心の改良に心づかず、平気でいつ迄も古い名を以て呼び、女は又それはちがいますとも言わなかった為に、都府はとにかく、田舎の隅々に行くと、コギヌとかハカマという元の名がまだ残っているのである。タスキは其用途も形も一変しながら、依然としてなお日常語であり、ハバキは紺木綿の小はぜで留るようなものになっても、まだ旧名称を棄て切らぬ土地があって、何人にも其由来を疑うことを得ざらしめるのである。殊に私などがうれしいと思うのは、タナ又はタヅナは中世の文献に、たった一色の用法の為に記録せられて居るのだが、東北地方に行くと現在もまだ盛んに色々の目的に使われて居る。男の褌を後に女が頭に被るようになったと解する者が有り得ない以上、乃ち目前の新鮮なる地方語が、却って古い書物よりも、更に古い時代の状態を保存してくれたのである。言葉が追々と集録せられて行くとともに、勿論斯ういう事実が今一段と明瞭になるのみか、更に此以外のもっと適切な例も、幾らともなく現われて来ることと思う。努力しなければならない。

今や大抵の図書館ははち切れるほどに、新古の書物が汎濫して来て居るが、それで居てなお我々の生活から、自然に起って来る疑問には相談相手となるものが少ない。智慧は埋もれて未来の発掘を待って居る、ということを知っただけでも楽しみなのに、その資料の大部分が我身の傍に、我家の納戸の暗い片隅に、いつでも取出して見られる状態となって、散らばって居たのだということを、心づくということは何という幸福であろう。この上は一日も早く各自の最も有りふれたもち物を取集めて、互いに是を他郷人の為に役立て、末々は日本総国としての知識を、まちがいのないものにしなければならない。この一冊の語彙の不完全なものであることは、何人よりも先に編者がよく知って居る。しかし是を因縁に後々日本の服装変遷史が、総国民の常識となる時代を迎え得るならば、其時こそは過去をふり返って、是を一つの記念標とも見ることが出来るであろう。

柳田国男

昭和十三年四月廿六日

分類漁村語彙

序

（『分類漁村語彙』倉田一郎共著、民間伝承の会、昭和一三年一二月一日発行）

露伴先生の水上語彙を見たのは、明治三十一年か二年のことと思うが、是が此集の発願の日であった。大正の初めの頃、甲寅叢書の計画を立てた際に、私は先生を訪ねて、あの本の増修再刊を勧めたのだが、それは容易な業で無いからと謂って辞退せられた。実際当時は未だ地方に今日のような同時採集も起らず、いつ迄坐して待って居たら、どれほどの漁民の生活が明かになって来るという見込も付かず、よほど気の長い者でも、是をそう大きな学問上の労作とは、考えることが出来なかったのである。

桜田勝徳君の二年に亙った四国九州中国の旅行には、大きな意義があった。是で私たちには限地調査というものが、労ばかり多くて効果の収めにくいものであることがよく判った。同君は一つの土地で得た新鮮なる印象を携えて、すぐに第二の島又は岬の陰の村に行くから、自分も理解がさとく、同時に浦人も心を許して、どんな問にでも答えるようになり、受身の採集では幾ら待って居ても得られぬものを、ほぼ系統立てて持って来ることが出来たのである。是なら遣って行けるという確信が是で出来て、『島』という雑誌も生れたのであった。力が足りなくて雑誌は永く続かなかったけれども、我々の熱意は学術振興会を動かし、豊かな補助を受けて数多くの島や山村をあるき、古来旅商人以外の者が足を入れたことの無いような土地の住民と、膝をまじえて前代を問いかわすまでになったのである。

我々の同志は皆よく旅行をした。純なる学問の為ばかりに、是だけ多くの忍耐をした例は、前代はいざ知らず、今の世には珍しかろうと思って居る。この集の編輯に参加した倉田君も其一人で、激しい職務の間から得た僅かな休み日を、近年はすべて此仕事の為に費して居る。漁村語彙の蒐集に就いては、此人は特に土地の選定に留意した。先ず九州では桜田君の見残した東海岸一帯、関東では房総半島の外側、東北は阿武隈河口から牡鹿方面、日本海上では佐渡の内外海府等、努めて隔絶の土地を交互に観察して、風習と言葉の異同を究めようとして居たのには趣意があったのである。是は前人の全く用い得なかった方法で、それを質問用紙で集めては片便りになるが、自ら行って見れば即座にも不審が散じ得られるのみならず、土地の人々にも若干の興味と利益とを置いて来ることが出来る。実は私なども一日も早く此方法が限なく全国に及ばんことを念じて居るのである。

漁村語彙に関する限りに於ては今までの経験では存外に地方的差異が少ない。百里二百里の沿海線に亘って、又は飛び飛びに西南と東北とが、同じ言葉を用いて居た例が何程も有る。是は文書にも伝わらない海上の交通が、いつの間にか運び又移して居たものの多いことを意味するは勿論だが、又その間には古代から持って居て双方共に、改めようとしなかった場合もあるのである。倉田君が心づいた漁夫の物入れのチゲなどもその一つの例で、釣針をチと謂わなくなってからもう久しいことになるのだが、それを入れて置く曲げもの又は箱を、鉤笥即ちチゲと呼ぶ土地は、東京附近を含めて全国に何箇処もあり、その多くのものには痕つけられる水陸の往来が無いのだから、乃ち古来の保存であったことが察せられるのである。我々の漁法は近世に入ってから、次々に新らしい技巧を以て補充せられて居る。前からあったものも必ずしも亡びてはしまわないが、生活の関心を占める部分が益々小さくなり、後には其用語をも粗末にするのである。そういう中でも麻が最も大きな歴史をもつ衣料であったように、釣は一ばん長い期間の海の生活の支柱であった。従って是に関する言葉が、特に共通のものを多く持伝えて居るかと思われる。それと比べると網は近頃の改良が大きいと同じに、其方法は新たなる伝播であった。明治に入ってから始めて網を学んだという土地も幾つか知られて居り、そうでない迄も是に伴なう信仰の行事などが衰退してから、単なる経済技術として之を入れたかと思われるものも多い。たとえば船の船玉に対して網の網玉（アウダマ）様を中央の大きな泛子（アバ）に斎き祭る習わしなどは、是を知って居る漁村はほぼ内海の四辺に限られて居り、仮に他の俗信が新たに起ったにしても、それは周囲の別職業のものから、学んだ方式が多いのである。

それで私たちが専門の立場から、一応明示して置きたいと思うのは、我々の知ろうとして居るのは今日を作り上げてくれた過去の生活である。殊にそういう中でも何人にも気づかれずに、埋もれて再び現われまいとして居る事実である。今和次郎氏等の所謂考現学の全部では無いのである。網の労働組織や之に伴なう分配方法の中には、明治以来の政策に支持せられて、記録の歴然として存するものも多い。是を精細に叙述し、又は其功に誇ろうという人もそちこちに居る。地方は又之を採用し拡張しようとして居るのだから、全国は固より一致して居る。土地毎の老人などから面倒な話を聴こうよりも、寧ろ県庁に行き試験場に行き、書物を買って見る方が要領を得る場合が無しとせぬのである。それも出来るだけは知って居た方がよいが、其為に一方の我々で無ければ知ろうとする者が無いような幽かな残留を、拾い集めて置く時間を横取せられては損であり、又この知識を利用する人の為にも気の毒である。精確なる記述をした書物が、求めれば幸いに得られる区域に於て、なお伝承の採録を以て競争しようとすることは、たとえ同一の結果に達し得るとしても、なお労力の徒費を免れない。だから此集ではそういう方面に向って、わざと略して居るものが多いのである。『島』に掲載せられてある石垣島の漁法を見てもわかるように、釣は大昔からの我邦の生業であったようだが、是すらも販路と交易の組織をもたない海の一隅の人々には、なお不必要に大規模であったのである。個々の家庭の消費の為には、釣だけの資料と準備とをも要せずして、目的を達した時代が、今の洋上の諸隣人と同じに、古くは我邦にも有ったのである。是にも技術の練習とか興味とかがあって、次の漁法が現われても即座には更迭してしまわない。現にそれ以上の進歩を試みずして、之を内陸の沼や小川に応用して居る者は、各府県ともに幾らも居る。斯ういうものこそは技術官や組合の調査に、一任して置くことが出来ぬものので、そうして之を省みずに置くと、原始素朴の世を今日と繋ぐ、鏈の環は方々で断たれてしまうのである。そういう中でも国民が天賦の智能によって、永い期間に今まで持っていたものを改良し加工して、それぞれの環境に適応せしめた苦辛の跡だけは、たとえ全然後の入用が無くても伝えて置かなければならない。ましてこのはかない古風の方法に拠って、営々として生を支えて居る人は、少ないというだけで今も確かにあるのである。我々の学問が之を閑却したら、果して何人が彼等を省みるであろうか。

一つの実例は海女の村の生活からも引用することが出来る。獲物の乏少と技術改良の困難とによって、此労働は今や可なり苦しいものになって居る。社会環境の何れの角度から眺めても、問題はただ是がいつ迄残るであろうかの他には無い。現に其数も可なり減じて居る。然るに彼等の無邪気さは、今なお母の代からの変化に心づかず、是を元祖以来の常の状態と解して、当然として耐え忍んで居るのである。この復旧し難い時勢の過程を詳かにすることは、必ずしもこの人たちの幸福には帰せぬかも知れぬが、我々は爰に女性の労働を中心とした、一つの社会形態の消滅を見送ろうとして居るのである。以前の文献に若干の濃い影を留めただけで、特殊なる文化の生れ又栄えた姿が、解説せられずに終るということは、後世に対しても相済まぬようにも感じて居る。我々の採集は成程まだ貧弱であるが、それでも主要なる技術上の用語の他に、一二の制度や信仰に関係あるものを拾い上げて、研究の端緒だけは捉えて居る。そうして是がほぼ全部、何れも土地に就いて之を用いて居る人の口から、直接に採集せられた言葉なのである。

この語彙の排列整頓から印刷までの労務は、専ら倉田君の引受であったが、其選択と分類とには、大体に自分の意見が採用せられて居る。現在漁村に於て耳にする言葉から、どれだけ迄を此等の中に採るかということには問題がある。古語の埋没しているものを保存することは、勿論我々の目的とする所ではあるが、それと近頃になって人が用い始めたものとを判別することは必ずしも容易でない。それで幾分か網の目を粗くして、聴いて大よそ誤り無しに、内容の察せられる言葉は惜まずに遁がしてしまった。普通の辞書類に掲げられて居るような語は、何か特に心づいたことの無い限り、重複して載せないのを原則にして居る。しかし悉く検して見たわけで無いから、誤って無用の解説を下したものも絶無とは保障し得ない。後日そういうものが有ったら除くつもりである。本意は徹頭徹尾学者という人たちのまだ知らぬ事実、殊に其背後の小さな生産者たちの、年久しい有形無形の伝承を、裏付けて居る言葉のみを、保存して置こうという に在るのである。単なる机の上又は文庫の塵の中の、作業で無かったことを認めてもらえれば幸いである。農村山村の語彙もほぼ同じであるが、此集には殊に引用書の推薦すべきものが少ない。それは多くの漁村用語が、印刷した文字からで無く、直接桜田君其他多くの旅行者の手帳から第一次に引継いだ資料であることを意味する。斯ういう言葉がやがて又未調査の弘い地域にも発見せられ、それに案外なる一致があって、行く行く日本人の有ふれたる常識と化する時が来るならば、我々両人の努力はそれで酬いられるのである。必ずしも永久に有用の書となって残ることを幸福とは思って居ないのである。

昭和十三年十一月十一日

柳田国男

昔話と文学

序

（『昔話と文学』創元選書、創元社、昭和一三年一二月一〇日発行）

この僅か十年ほどの間に、我々は昔話に就いて二つの新らしい経験をして居ります。一つは全国の端々に亘って、古い形の昔話が、まだ幾らでも残り伝わって居るということ、もう一つは是を採集して学問の用に立てるのに、意外な色々の故障が有るということであります。古い形というのは、或は外部の人には問題かも知れませんが、此本の中にはそれを稍力強く説いて見ようとして居ります。つまりは交通往来の最も想像しにくい遠隔の土地に、偶然とは言えない一致のあることが、日本でならば容易に見出し得られるので、それを我々は久しい以前に持って分れた名残と見て居るのであります。此想像のいよいよ確かめられる為には、採集の事業が今よりも又ずっと進まなければなりません。

ところが古風な佳い昔話というものは、他の新出来の数物と比べると、もともと管理者がちがって居たらしいのであります。我々は話を活計の助けにして居た者が、どこへでも運んでくれるのに馴れ安んじて、まだ其品柄の好悪を吟味するだけの心構えが無かったことは、ちょうど此節流行のモスリンやスフと似て居ります。麻の手織とか綿密な菱刺しとかいうようなものは、別に此以外に家々にあったのであります。グリムの説話集の名にもなって居るように、昔話は本来家庭用又は児童用のものでありました。目的は専ら親しい心置きの無い者を娯しましめる為であって、外から新らしい材料を取入れることは有っても、内の物をよそへ出す必要は認めなかったものであります。しかも忙しい季節に入ると、使うことが無いので隅の方へ片付けて置いて、折々は忘れてしまうこともありました。是を改めて仔細に味わおうとするには、心ある人たちの内部からの援助を求めなければなりません。普通の話し家にあつらえて置いても持って来ないのです。それを捜し出す方法が、今はまだ無いのであります。

私はこの一つの難関を乗り越える為に、今までにも色々の方法を試みました。たとえばそういう懐かしい昔話の、数多く潜んで居るらしい家々の娘たちの群に、その感動の最も深そうな年頃を見はからって、昔話が以前どれほど大きな女子教育を、なし遂げて居たかを説いてあるいたこともありました。しかし彼等の現在の夢は、あまりにも異なった絵具で彩どられて居りまして、もう笑うより以外には昔話の古い趣きを味わうことが出来ません。或は又今日田舎に最も数多く伝わって居る昔話を集めて、小さな手帖を作って若い人たちに分けたこともあります。是を見て行くうちには幼ない頃の記憶が蘇えり、思わず私も聴いたと書付けてくれるように、白紙の部分を添えて置いたのであります。是は少しずつ利用して居る人も有るようですが、まだ少しも我々の処へは戻って来ません。此次にはどうしても忘れてしまってはならない数十の昔話の名だけを、せめては桃太郎舌切雀の程度に、言葉として国民の間に保存させる為に、簡単な昔話名彙ともいうべき本を、こしらえて置きたいと思って居ります。

「昔話と文学」と題したこの一冊の文集も、実はそういう企ての一つに過ぎません。採集という事業は、それ自身が或興味をもって居りますが、通例は数を貪り、又は人の知らない珍らしいものをという慾が伴ないまして、時々はうそ話に騙され、又はわけも無い笑い話に執着したりします。是には兼て私が説いて居りますように、何の為に昔話を集めるか、集めてそれをどういう目途に、利用しようとするのかを、明かにしてかかる必要を感ぜずには居られません。昔話が大昔の世の民族を集結させて居た、神話というもののひこばえであることは、大体もう疑いは無いようであります。従ってもし方法を尽すならば、此中からでも一国の固有信仰、我々の遠祖の自然観や生活理想を、尋ね寄ることは可能でありまして、之を昔話研究の究極の目途とするのは、決して無理な望みとは申されません。ただ現在は其準備が甚だしく不十分で、たとえば日本などでは神代史の厳粛な記事を、平気で昔話の列にさし加えたり、又は神話と童話とを混同してしまった人も多く、如何に複雑なる過程を通って、神話が昔話となり、又退縮して童話とまでなってしまったかを、考えて見たことも無いらしい人が、斯ういう問題に触れようとして居るのでありま す。世界のあらゆる異民族の間に、しばしば説話の争えない一致と類似とがあることは、殆と神秘ともいうべき我々の驚きでありまして、それが亦この研究の強い刺戟でもあることは事実ですが、そこへ進んで行く為にも、予め先ず眼前の状態を詳かにし、斯う成ってしまうまでの一歩々々の足取りを、大よそは知って居なければなりません。国の内外の昔話採集が、今の三倍にも五倍にも加わって行くということは、寧ろこの為に入用なのでありまして、是を予め神話学などの名で呼ぶことは、よっぽど言葉の用法に大胆な者で無いと、実はまだ出来ない芸当なのであります。

そうすると第二段に、何をさし当りの楽しみにして、人に昔話の保存を勧めるかという問題になりますが、私はちょうど世の中の二度三度の変り目に際会して、政治以外のあらゆる文化の、久しい未決着に悩まされた者であります故に、出来るだけ是を生活の疑問の解決に、応用して見たいと念じ、又そういう希望をもつ人の他にも多かるべきを信じても居ります。昔話を中心にした民間の多くの言語芸術は、常に今日謂う所の文学と相剋して居ります。人に文字の力が普及して、書いたものから知識を得る機会が多くなると、それだけは口から耳への伝承が譲歩します。小児か文盲の者かが主たる聴き手ということになれば、彼等の要求は又新たに現われなければなりません。一方には又その古くからのものを排除してしまった空隙には、ちょうどそれに嵌るような文学が招き入れられるのであります。一口に言ってしまえばただ是だけですが、それには時代もあり土地職業の変化もあって、この文学以前とも名づくべき鋳型は、可なり入組んだ内景を具えて居りました。それへ注ぎ込まれたものの固まりである故に、国の文学はそれぞれにちがった外貌を呈するのではないかと私などは思って居ります。何べん輸入をして見ても文学の定義が、しっくりと我邦の実状に合ったという感じがせぬのもそうなれば少しも不思議はありません。単なる作品の目録と作者の列伝とを以て、文学史だと謂って我慢をしなければならなかったのも、原因は或は斯ういう処にあったかも知れぬのであります。テキストの穿鑿に没頭する此頃の研究法というものに、私たちはちっとも感心しては居ませぬが、それをひやかすことは此書物の目的で無く、勿論又我々の任務でもありません。本意は寧ろ文学の行末を見定めたいという人々に、出来ることならば明瞭に又手軽に、今まで積み上げられたものの輪廓を御目にかけたい為で、それには愈々昔話の採集を、広く全国の隅々に届くように、我人ともに心がけなければならぬということを、実例に依って御話がして見たかっただけであります。

二三の外国学者の著述を読んで見ますと、此類の文章は最初から読者を其道の人だけに限定して居るように見えます。一々の昔話の筋を細かく述べ立てることは、むだだと思い又玄人の退屈を恐れた様子で、必要の痛切なもの以外、努めて原話を引かないようにして居ります。私も最初はそれにかぶれて居ましたが、日本はインテリの間に余りにも昔話が疎まれて居ります故に、それでは通用しないであろうということを感じて、後には少しずつ態度をかえました。この一冊の中でも、読者の想定が篇毎に喰いちがって居りますのは其為で、始めの方が殊に理屈っぽいようであります。それで注意をして昔話の索引というのをこしらえて、巻の終りに附けることに致しました。それを一通り見て下さるならば、多分読者は苦い顔はなされぬことと思います。或はこの中の最も親しみの多い題目から読み始めて下すっても結構です。放送の二篇は殊に年若な、優雅な人たちの聴いて居られることを予期して、出来るだけ言葉を平明に話しました。衆と共に楽しむことが出来ぬようであったら、私の労作は実は無益だからであります。

昭和十三年十一月二十九日

柳田国男

木綿以前の事

自序

（『木綿以前の事』創元選書、創元社、昭和一四年五月一七日発行）

女と俳諧、この二つは何の関係も無いもののように、今までは考えられて居りました。しかし古くから日本に伝わって居る文学の中で、是ほど自由に又さまざまの女性を、観察し描写し且つ同情したものは他にありません。女を問題とせぬ物語というものは昔も今も、捜して見出すほどしか無いと言われて居りますが、それは皆一流の佳人と才子、又は少なくとも選抜せられた或男女の仲らいを叙べたものでありました。之に反して俳諧は、何でも無い只の人、極度に平凡に生きて居る家刀自、もっと進んでは乞食盗人の妻までを、俳諧であるが故に考えて見ようとして居るのであります。歴史には尼将軍、淀の方という類の婦人が、稀々には出て働いて居りまして、国の幸福が之によって左右せられたこともありますが、斯ういう人たちを我仲間のうちと考えて、歴史に興味を抱くようになった女性の、少なかったのはまことに已むを得ません。振回って後姿を眺めようとするような心持が、女と歴史とのすれちがいには起らなかったのであります。有りとあらゆる前代の人の身の上は、小説の中にすらも皆は伝わって居りません。それを俳諧だけが残りなく、見渡し採上げて咏歎しようとして居たのであります。女は通例自分たちの事を噂せられるのを、知らずに過ぎるということは無いものですが、奇妙に俳諧だけは冷淡視して居ました。其原因は御承知の如く、俳諧というものが連歌の法式を受継いで、初の表の六句では成るべく女性を問題とせず、特に恋愛は取扱わぬことにして居まして、そうして今日俳諧として鑑賞せられて居るのが、その又第一の句だけであったからであります。店先にはまじめくさった年輩の男たちばかり出入して居るのを見て、これは女などには用の無いところと、奥には何があるのかを覗いて見ようともせずに、素通りした人の多かったのも無理はありませんが、実はその暖簾の陰にこそ、紅紫とりどりの女の歴史が、画かれてあったのであります。歴史にこの無数無名の二千年間の母や姉妹が、黙って参与して居たことを信ずる者は、之を説く為にも俳諧を引用しなければなりません。そうして私がこの意外なる知識を掲げて、人を新たなる好奇心へ誘い込む計略も、白状をすれば又俳諧から之を学びました。

七部集は三十何年来の私の愛読書であります。之を道案内に頼んで此時代の俳諧の、近頃活字になったものも追々に読んで見ました。其折々の心覚えを書き留めて置いたのを、近頃取出して並べて見ますと、大部分は女性の問題であったことが、自分にも興味を感じられます。それで二三の関係ある文章を取添えて、一冊の本にすることにしたのであります。大抵は人に語り又は何かの集まりに話をしたものの手控えのままなので、聴手の種類や年齢に応じて、表現の形が少しずつかわり、文章も大分不揃いであります。それが此書を『女性読本』と題しなかった一つの理由であります。

或は男のくせにという批判を、誰かから受けそうな気もしますが、実は私には女の子が四人あり、孫も四人あって四人とも女です。彼等と共に、又はその立場から、次の時代を考えて見なければならぬ必要が、前にもあり今も屢々あるのであります。是がもしも一身一家にしか用の無い問題であるならば、そういう研究は学問ということが出来ぬのですが、幸いなことには私たちの境遇は、可なり多くの同時代人を代表して居るらしいのであります。此方で望ましいことが彼方では害になり、一方の為には智慧であり啓発であっても、他の一方では疑い惑う人々を、誤りに導くかも知れぬというような懸念は、御互いの足元を比べ合せて見れば、先ず少しも無いと信じられるのであります。斯ういう経験こそは須たなければなりません。それ故に私たちは、自分々々の疑惑から出発する研究を、些しも手前勝手とは考えて居らぬのみか、寧ろ手前には何の用も無いことを、人だけに説いて聴かせようとする職業を軽蔑して居るのであります。現在の日本に自国の学問が無ければならぬということを、私などは斯ういう風に解して居ります。俳諧に残って居るのは小さな人生かも知れませんが、とにかく今までは顧みられないものでありました。事は過去に属しつつも、依然として新しい知識であります。そうして又現在の疑惑の種子であります。是からの日本に活きて行こうとする人々に、おふるで無いものをさし上げたいと、私だけは思って居るのであります。

昭和十四年四月

居住習俗語彙

序

（『居住習俗語彙』山口貞夫共編、民間伝承の会、昭和一四年五月二〇日発行）

漸うのことで千余りの言葉を拾い集め、一通り分類をして見たが、誰にも気がつくであろうと思うことは、記述がひどく或一部の項目に片よって居る。そうして事実の十中七八つまでが、中央からずっと離れた端々の田舎で観察せられたものばかりである。従来の郡誌方言集の類は、随分広く目を通したのであるが、其中には一つも居住に関する民間の用語を、掲げて居らぬものも稀では無かった。つまり開けた土地ではもう斯ういう習俗が、言葉からでは採集の出来ない状態になりかかって居るのである。

是は十分な理由のあることと、我々は思って居る。所謂自給経済が此方面に於てはとくに退縮してしまって、人は専門の職人を頼むこととなって居るからである。部落内部の人が助け合って小屋を建て屋根を葺いて居る間は、普請は全体からいえば毎年の行事であった。秋の終り冬のかかりの稍手のあいた頃になると、どこかで大か小かの工事が始まって、必ず村の人々の題目になったからである。職人の用語は少し勿体ぶり、又必ずしも素人の間に通用することを期して居ないが、それでも知ろうと思えば覚えられぬほどのむずかしいものでは無い。ただ多数者はさしかかって是に関心をもたぬ人になった故に、言葉としては毎日の生活面に浮んで来ず、従って直接に民間からは採集し難いのである。其上に是等の職業語は、大抵は同時に標準語でもあった。たとえば大工の流義により、或地方の棟梁の弟子筋だけは、ちがった用語をもつということも少ないらしいのである。彼等の共用する術語を集めて置くということも、亦一つの興味ではあるが、我々の語彙は常人の間から、少なくとも土地では誰にもわかっている日本語だけを、集めたものだから是が入って来ないのである。瓦とブリキ屋根が普及することになれば、この方面の言葉が更に大に減少することであろう。同じ傾向は亦衣服履物髪飾等の生活にも、既に著しく顕れて来て居る。やがては又煮豆とか佃煮とか煎餅とか飴チョコとかの、食物の言葉にも統一が効を奏することであろう。現在はたしかに一つの過渡期である。我々はこの程無く消えて行くものの後影を、まだしみじみと見送ることの出来る時代に、よい都合に生れ合せたのである。後々是だけの事をすら知るに苦しむであろう人々の為に、応分の力を尽さなければならない。

この小さな一つの本の利用価値を説くことは、差控えた方がよいとは思うが、少なくともさして困難なことでは無い。たとえば水を汲み火を作る方法というような目前の問題、どんな境遇に育つ少年子女にも、直ちに理解の出来るほどの単純な技術にも、なお昔を今にした大変化があったということ、それだけならまだ或は想像して居たかも知らぬが、その何回と無き驚くべき激変が、すべて最近の百年足らずのうちに、現れたものだということは知らぬ者が多い。殊に国内の意外な隅々には、今でもまだ以前のままの古風な方法を、続けて居る人々があるということなどは、教える人自身までが、大抵は心付かずに過ぎて居るのである。新たなる大御代の文化の恵みを、是ほど簡明に又適切に、会得せしめる方法は他には有り得ない。我々の先祖は夢にも之を予期せず、今から考えると気の毒のような不便を忍び、えらい労苦に甘んじて居た。そうしてどうしても其状態から出て来られぬ人々が、僅かではあるが今も国内には居るのである。今が昔で無いという確実な相違、それから同じ現代の国民の中にも、土地によっては様々のちがった生活が有るということ、この二つの認識は普通教育の大きな目標である筈だが、材料が無いばかりに、今まではまわりくどい教え方をして居たのである。其教材が恐らくは斯ういう本の中から得られる。問題は独り水と火のような、すぐに眼に見える有形事物の変遷だけでは無いのである。

新たに此点に心づいた人たちが、幾らでも此事業は拡大してくれられることと思う。近頃の経験によると、語彙は一旦不完全なものでも本にして出すと、それから急に集まり方が多くなって来る。言葉が是ほどまでに国民の常識を進める為に必要だということは、やはり実地によって例示する他は無いようである。殊に居住に関する用語などは、人が今ちょうど忘れようとして居る折柄で、年寄は知って居るが若い者は使わぬ。聴けばわかるが言う人が無いという境の上に居る。だから志ある人々が此本の余白を利用しようとすれば、まだまだ豊富な旧語が活返って来るかと思う。私が炉端の横座かか座という語を始めて耳にして、驚きもし且つ覚りもしたのは、明治三十九年のたしか秋、甲州の道志から津久井へ下る月夜野という小さな村であった。それから囲炉裏の話が出るたびに、又かと言われるほどよく此名称の由来を説いて居た。それが縁となって不思議に火のまわりの作法だけは、詳かに知れ渡ったのである。是なら他の事項に就いてももっと早くから、わいわい騒げばよかったと思うが今からではもう追付かない。やはり斯ういう誇るに足らぬ本でも、忍んで世上に推薦するの他は無いのである。山口貞夫君が夙に私の企てに共鳴して、蔭の協同に費された労苦は多大である。同君の初稿は採集の増加に伴ない、再び私の手で書き改める必要を生じたけれども、此中には両人が世の為に尽そうとする志は均しく含まれて居る。

昭和十四年三月六日

柳田国男識

中公
クラシックス
J71

柳田國男全自序集《やなぎたくにおぜんじじょしゅう》 I

柳田國男

2019年11月10日発行

著　者　柳田國男

発行者　松田陽三

印　刷　凸版印刷
製　本　凸版印刷
DTP　平面惑星

発行所　中央公論新社
〒100-8152
東京都千代田区大手町 1-7-1
電話　販売 03-5299-1730
　　　編集 03-5299-1740
URL http://www.chuko.co.jp/

著者紹介

柳田國男（やなぎた・くにお）
1875〜1962

民俗学者。1875（明治8）年、兵庫県生まれ。井上通泰の弟。松岡映丘の兄。東京帝国大学卒業。農商務省に入省し、法制局参事官をへて貴族院書記官長を最後に官を辞し、雑誌「郷土研究」の刊行、民俗学研究所の開設などをすすめ、常民の生活史をテーマに柳田学とよばれる日本民俗学を創始。1949（昭和24）年学士院会員、同年日本民俗学会初代会長。1951（昭和26）年文化勲章。1962（昭和37）年、死去。87歳。代表作に『遠野物語』『海上の道』『桃太郎の誕生』など。

Published by CHUOKORON-SHINSHA, INC.
Printed in Japan　ISBN978-4-12-160184-1 C1239

■「終焉」からの始まり
――『中公クラシックス』刊行にあたって

二十一世紀は、いくつかのめざましい「終焉」とともに始まった。工業化が国家の最大の標語であった時代が終わり、イデオロギーの対立が人びとの考えかたを枠づけていた世紀が去った。歴史の「進歩」を謳歌し、「近代」を人類史のなかで特権的な地位に置いてきた思想風潮が、過去のものとなった。

人びとの思考は百年の呪縛から解放されたが、そのあとに得たものは必ずしも自由ではなかった。固定観念の崩壊のあとには価値観の動揺が広がり、ものごとの意味を考えようとする気力に衰えがめだつ。おりから社会は爆発的な情報の氾濫に洗われ、人びとは視野を拡散させ、その日暮らしの狂騒に追われている。株価から醜聞の報道まで、刺戟的だが移ろいやすい「情報」に埋没している。応接に疲れた現代人はそれらを脈絡づけ、体系化をめざす「知識」の作業を怠りがちになろうとしている。

だが皮肉なことに、ものごとの意味づけと新しい価値観の構築が、今ほど強く人類に迫られている時代も稀だといえる。自由と平等の関係、愛と家族の姿、教育や職業の理想、科学技術のひき起こす倫理の問題など、文明の森羅万象が歴史的な考えなおしを要求している。今をどう生きるかを知るために、あらためて問題を脈絡づけ、思考の透視図を手づくりにすることが焦眉の急なのである。

ふり返ればすべての古典は混迷の時代に、それぞれの時代の価値観の考えなおしとして創造された。それは現代人に思索の模範を授けるだけでなく、かつて同様の混迷に苦しみ、それに耐えた強靭な心の先例として勇気を与えるだろう。そして幸い進歩思想の傲慢さを捨てた現代人は、すべての古典に寛く開かれた感受性を用意しているはずなのである。

（二〇〇一年四月）